序

一群人，
二十年。
容颜已变，
初心不改。
茕茕孑立，抵住狂潮万重浪；
踽踽独行，拓开乱市一片天。
民以食为天，知难行易无远虑；
商用诚为本，盛德昌玖有担当。
筚路蓝缕，展望征途悠远；
竹苞松茂，谨记创业维艰。
行业浸淫久，高朋满座相帮，成事靠坚持；
圈里行走长，诤友如云点悟，败家因奢靡。
江翻海搅生意旺，尚需推诚待物；
鸟集鳞萃事业兴，还得开源节流。
针尖挑土，区区微利，遑论趋势风口；
水滴穿石，徐徐潜进，也是事业修行。
进退有据，苦尽甘来，履信思顺物流远；
毫厘精析，买进卖出，抱诚守真商贸强。
人生苦短，不可虚度痛心疾首，本无成功失败；
天道酬勤，方能传奇刻骨铭心，定有苦痛甘甜。
一群人，
二十年，
一件事，
到永远。

闫鸿志
2017 年 1 月于北京

易盛玖在坚守

小鱼 / 著

在物欲横流的时代，我们需要良知的坚守
在假货泛滥的时代，我们需要坚守的企业

中国财富出版社

图书在版编目（CIP）数据

易盛玖在坚守 / 小鱼著 . —北京：中国财富出版社，2017.12

ISBN 978 – 7 – 5047 – 4917 – 8

Ⅰ. ①易…　Ⅱ. ①小…　Ⅲ. ①食品企业 – 企业文化 – 研究 – 北京
Ⅳ. ① F426. 82

中国版本图书馆 CIP 数据核字（2017）第 325501 号

策划编辑　宋　宇　　**责任编辑**　宋宪玲
责任印制　梁　凡　　**责任校对**　孙会香　卓闪闪　　**责任发行**　张红燕

出版发行　中国财富出版社
社　　址　北京市丰台区南四环西路 188 号 5 区 20 楼　　**邮政编码**　100070
电　　话　010 – 52227588 转 2028/2048（发行部）　010 – 52227588 转 307（总编室）
　　　　　010 – 68589540（读者服务部）　010 – 52227588 转 305（质检部）
网　　址　http://www.cfpress.com.cn
经　　销　新华书店
印　　刷　河北廊坊市晶艺印务有限公司
书　　号　ISBN 978 – 7 – 5047 – 4917 – 8/F · 2857
开　　本　710mm × 1000mm　1/16　　**版　　次**　2018 年 2 月第 1 版
印　　张　16　彩　插　1　　**印　　次**　2018 年 2 月第 1 次印刷
字　　数　218 千字　　**定　　价**　39. 80 元

货通天下

目录

序 章

2013年年初，春节前夕，在新加坡一家宾馆的房间里，北京易盛玖商贸有限公司的董事长闫鸿志和妻子正听着儿子兴奋地畅谈着明天的比赛。

闫鸿志的儿子十岁出头，拉得一手好二胡，这次来新加坡是参加器乐比赛。对于这次比赛，闫鸿志跟妻子非常重视，也非常高兴。所以，他们俩都陪同孩子过来参加比赛。

当一家人都沉浸在欢喜愉悦的气氛中时，闫鸿志的手机突然不合时宜地响了起来。

闫鸿志拿起手机，来电显示是公司员工小李打来的电话。

闫鸿志感到有些奇怪。他离开公司前，将公司的事务对下面都做了交代，而且，因为他的公司有一套成熟的运营机制，大家各司其职，平日里少有额外的事情需要他出面解决。现在他正在度假，若没有急事，作为普通员工的小李应该是不会给他打电话的。

带着疑惑和一丝不安，他按下了接听键。

“你好，小李。”

“闫总……”

电话那头的声音不对劲儿，听起来有些颤抖，感觉都快哭出来了。闫鸿志一下子绷紧了神经。打来电话的小李是个沉稳的小伙子，办事一向扎实稳妥，说话向来不急不躁，今天这是怎么了？

“小李，怎么了？”

“闫总，咱公司来了好多人……好多警察……说是联合执法的，咱们怎么了啊？怎么突然这样啊？我们怎么办啊？”

闫鸿志也蒙了。自己一向遵纪守法，而且很少离开公司，怎么这次自己前脚出国，公司后脚就出事？那一瞬间，一种不祥的预感油然而生。

他稳住心神，说：“小李，你别急，跟我说说情况，他们来了多少人？来了之后都干了什么？”

原来，那天，易盛玖的员工像往常一样进行着日常工作，突然来了一大群执法人员，其中包括工商局、税务局、质量检验检疫局、公安局、食药监局，足足有 40 多人。他们一进门就控制了公司的所有员工，不允许随意走动，所有电话全部没收，不允许交头接耳，更不允许任何人随意进出公司。

“我们就只能坐在自己的办公区。”小李继续说，“眼看着他们挨个儿搜我们的办公室，您的办公室也被搜了，咱公司用来做数据分析的那两台计算机都被他们扣了，准备带走，听说咱公司的核心数据都在里面。而且，闫总，我看见了，他们还带着封条呢……”

闫鸿志觉得有点头晕。

这绝不是正常的执法检查。经营公司这么多年，碰到执法检查是常有的事，一般执法也就是从超市里抽调几样产品去检验，检验合格就下发合格通知，检验不合格就按规定处罚。可这么多部门突然闯进公司联合执法，还把所有员工控制住，如此兴师动众的检查，如此惊天动地的执法，闫鸿志还从来没有碰到过。这种近乎查封似的执法绝对不一般，这背后的原因是什么？

“嗯，我知道了，小李，你说手机被收走了，那你现在在哪儿呢？是怎么给我打电话的？还有，咱公司物流和冷藏基地那边有没有什么情况？”易盛玖所有的产品都在物流和冷藏基地那里，公司只是办公场所，和产品分在两处。

“闫总，我有两部手机的，这个我放在身上，他们不知道。这会儿他们搜得差不多了，应该快走了，看守我们也没刚开始那么严了，我就借口去洗手间，这不躲起来给您打电话呢。基地那边我刚才也打过电话了，打不通，所有人都打不通！”

小李这样一说，闫鸿志心里反而明了了些。看来物流和冷藏基地也被他们同时控制了。他心里大概知道是怎么回事了，但他还需要确定一下。

“好的，小李，我知道了，你们不用担心，这就是例行检查，有时候质检部门是会进行这种突击检查的，只是不常见，你们不知道而已。没事的，你们正常工作就行。”

“闫总，公司好多女孩子都吓哭了……”

“嗯，你们男士安慰一下她们，关键时刻你们得撑起来，我相信你们能行。记住，咱公司没问题，不怕他们查，不会有事的。另外，一旦冷藏基地的电话打通了，让那边的负责人立刻向我汇报。”

“好，好的，闫总！”吃了闫鸿志给的定心丸，小李情绪稳定多了，连声答应着挂了电话。

宾馆的房间一下子出奇地安静。窗外的阳光仍然温暖，闫鸿志却感觉有些冷。他焦急地等着冷藏基地那边的电话，来证实他的猜测。

时间一分一分过去，他足足等了半个多小时，头一次觉得时间过得这么慢。

熟悉的号码打过来，正是冷藏基地的负责人冯海山。

“喂，冯经理，情况我有了解，你那边怎样，直接说。”

“是，闫总。刚才来了很多执法检查的，他们一来到咱的冷藏基地就把我们都控制了，让我们所有人在原地不准随意走动，也不准交谈，还没收了我们所有的手机，然后就进入了我们的库房。进去之后，他们开始抽样，咱们所有的产品，全部被他们抽样，几百种产品一种都没落下。他们说检查哪个我们就得给他们拿哪个，仅抽样的样品就带走了半卡车。我刚才核算了一下，带走的样品价值一万多元。”

“好，我知道了。他们还说什么了吗？”

“没有，闫总，公司那边我也了解过了，现场并没有发现我们任何问题，他们带走了公司那边的电脑和我们这边的产品，并没有让我们暂停营业，说是等产品检验结果出来再说。”

闫鸿志稍稍松了一口气。他知道，今天现场只要出一点点差错，等待他的一定是公司直接被查封。一旦查封，易盛玖就完了，公司几百号人将面临失业，自己多年的心血将功亏一篑。本来就着凉有点发烧的他一时间更觉得头昏脑涨、全身酸疼。

闫鸿志躺到床上。他想打个盹，却怎么也睡不着。冯经理这通电话证实了他的猜测，易盛玖一定是被人抹黑举报了，而且不是一般的举报，对方很可能是专门瞅准了他不在国内才举报的，对方的目的很清楚，一举打垮他。

他隐隐约约也能猜到可能是什么人，但是他现在不愿意想这个问题。琢磨了一下，他强撑着从床上坐起来，给公司几个高管挨个打了电话，让他们安抚一下大家，他知道，现在公司的全体人员肯定都还在慌乱之中。

几个电话打完，闫鸿志感到精疲力竭。他深深地靠在沙发里，陷入了思考和回忆……

二十年前，自己还是个刚毕业的学生，那时起就加入了肉食品加工这一行，从当会计到跑市场，从职员到经理再到董事长，自己始终坚持的就是一个“真”字，供货商他选择最有品质保证的，公司的一切加工制作、冷藏、运输流程，都严格遵循标准。像易盛玖这样的企业，想合作的供货商其实是排着队的，可闫鸿志为了找到最好的供货商，宁可亲自跑到内蒙古、甘肃、黑龙江去。

做生意要讲良心，食品生意尤其如此。消费者把产品买回去，是要吃进肚子的，是要全家人吃进肚子的。自己家里也有老人、孩子，自己也生怕买到假冒伪劣的产品给家人，将心比心，闫鸿志在产品的质量要求上是无以复加地严格，绝不敢有丝毫马虎。闫鸿志以及易盛玖的所有员工，平日家里吃的都是自己公司经营的产品，因为他们对自己公司的产品最放心，他们清楚自己公司的产品是什么样的产品，是什么样的品质。

前几年国内牛羊肉产品市场混乱、假货当道的时候，闫鸿志的日子并不好过，假货价格低利润高，而自己的好产品却价格高、利润低，正是“劣币驱逐良币”，大量便宜、劣质的产品占领市场，让那些真正的好产品难以立足。这几年国家对食品安全重视了、检验严格了，掺假、造假的伪劣产品也大大减少，易盛玖的产品优势反而越发凸显。

也许正因为此，易盛玖自然会招来了一些经营假劣产品企业的仇视，这次联合执法，也许就与此有关……

事实上，肉食品的整个生产、储存和运输流程非常复杂，任何一个环节稍出差池就能导致检验不合格。如此突如其来的检查，整个公司上下，从冷库到办公室都没有任何准备。闫鸿志虽然多年来一直坚守企业道德，特别重视产品品质，可这次毕竟带走了这么多样品，这些样品里，只要有一件产品、一项指标不合格，等待易盛玖的恐怕就是灭顶之灾。

闫鸿志对自己的产品有信心，可他也知道，要保证食品完全不出问题有多难，供货商、冷藏条件、运输过程等，这中间有无数个环节，有的环节可以由自己控制，有的环节却不是自己一方能够完全控制的。

只有闫鸿志自己知道后果的严重性，他不能告诉家人，也不能告诉公司的员工，这一切都得他独自撑起来。

本来就有点着凉，再加上这件事的打击，闫鸿志病倒了，在床上躺了好几天。

几天之后，儿子比赛结束，闫鸿志一家没有多作停留，就启程返回北京了。

回到公司，闫鸿志一如往常地上班，没有表现出任何异常。他告诉员工，这只是一次突击检查，国家现在对食品安全的把控严格了，所以会抽样调查某些公司，这样的检查不常见，易盛玖身正不怕影子斜，大家尽管正常工作就好，不会有任何事情发生。

那段日子，他也并没有进行任何“关系运作”，因为这不是他的行事风格，这么多年来，他从来没干过“找关系”“走后门”这种事。他能做的，就是和员工一起，静静地等待检验结果。

这样的等待非常难熬，不只是闫鸿志，全公司上下看似平静，实则大家内心都很焦虑。一天又一天，足足等了十来天，还没有消息。

马上就要过年了，公司上下仍然在等待着。腊月二十七是闫鸿志的生日，也正是这天，食药监局终于传来了消息：

易盛玖随机抽检的几百种产品 100% 合格！全部符合标准！

意料之中！但闫鸿志还是长舒了一口气。这次抽检没有任何准备，而且抽检数量大，多家单位联合执法，检查极为严格，即使如此，易盛玖的产品仍然百分之百合格。对于熟悉食品行业，特别是牛羊肉食品行业内情的人来说，这样的抽检结果是多么难得！食品经营能做到这种程度是多么罕见！

然而，易盛玖还是做到了！对于这个结果，闫鸿志并不惊奇，易盛玖的员工们也不惊奇。在他们看来，这是最自然、最正常的结果，因为他们最清楚易盛玖是个什么样的企业！

那么，易盛玖究竟是个什么样的企业？在假劣产品泛滥的今天，她为什么能如此重视产品质量？她有什么样的企业文化？她的老板闫鸿志是怎样的一个人？她的团队又是怎样的一个团队？她是怎样发展而来的？她又准备沿着怎样的路走下去？

第一章

不得已上路与易盛玖的诞生

第一节 闫鸿志：从草原兴发小会计到“开疆功臣”

1. 闫鸿志毕业了

1993 年 8 月，烁玉流金，暑气逼人。22 岁的内蒙古小伙子闫鸿志从赤峰农牧学校毕业了。

赤峰农牧学校是一所中专学校。那时，初中考中专甚至比如今考大学都难。在当时的内蒙古农村，一所有两百多名毕业生的初中学校，通常一年也就能有一两名学生考上中专。考上中专便可以早早地就业，在那个包分配的年代，中专毕业后就能直接工作。相比之下，上高中、考大学则要多读好几年书、多花好多钱，对大部分老百姓来说，显然不划算。

没错，闫鸿志读书的时候是个不折不扣的学霸。那时候，只有最拔尖的初中生才有资格考中专。考生们要经历层层考试选拔，乡镇上考试筛选一次，县里再考试筛选一次，两次筛选都通过的才有资格参加中专入学考试。闫鸿志所在的学校有几百人，那一年考上中专的只有两人，他是其中之一。

获得如此优异的成绩，除了闫鸿志自己的努力之外，闫鸿志的父亲也功不可没。闫鸿志的父亲是名教师，一辈子教书育人，兢兢业业，工作非常出色，对子女的教育也十分上心。初中一年级的时候，闫鸿志偏科严重：其他科目成绩都很棒，唯独英语很差。并不是他不努力，而是整个班的英语成绩都差。

为了让闫鸿志学好英语，初中二年级时，父亲让他转了学。新的学校很远，小小的闫鸿志要每天骑着自行车来回走 20 千米的山路。山路并不好走，一路上坑坑洼洼，到了最陡的地方，车骑不动了，就只得自己推着车过去。那年冬天很冷，早晚来回于山路实在辛苦，父亲就让闫鸿志住校。整所学校就闫鸿志一个外乡学生，也就他一个学生需要住校，他就和教师们住在一起。

闫鸿志没有辜负父亲的良苦用心，每天晚上他都跟着英语老师补课，他要用最快的速度把落下的功课补回来。在家里干农活的时候，只要听到收音机里有英语讲座，他就立刻放下手里的活去听。很快，他的英语成绩便直线上升，由之前的连 10 分不到，到转学半年后，能稳稳地保持在 95 分以上。转学一年之后，闫鸿志的英语已经没有任何问题了，父亲才让他又转回原来的学校，但他的英语成绩却再也没有下滑过。

闫鸿志不仅是个优秀的学生，干农活也样样不差。读小学的时候，他就会扶犁耕地、收割、扬场，甚至会推独轮车。农闲的时候，家里盖房子，他和哥哥就利用课余时间运砖石瓦料。两个小男孩跌跌撞撞地推着独轮车，把院外的砖石瓦料一车一车推进院子里。那时，家里总共盖了 11 间瓦房，所有的砖石瓦料都是他们小哥俩用笨重的独轮车一点一点运进院来的。

除此之外，受父亲的熏陶，他还练得一手好书法。在老家，每逢春节，他和哥哥就给村里各家各户写春联，他还在县里举办的书法比赛中获过奖。

在赤峰农牧学校，闫鸿志对于书法仍然勤练不辍，并小有名气。同时，他还学会了拉二胡。在这个文艺气息不浓的学校里，这些才艺给闫鸿志带来了不少自豪感和成就感。

22 岁那年，闫鸿志从学校毕业了。他告别了学生时代，正式跨入社会大熔炉的门槛。此刻的闫鸿志，内心犹如八月的骄阳般炽热，他一心想着出去闯荡，干出一番事业来。所以，面对所有毕业生都会遇到的问题——是服从分配回家乡政府工作，还是自己出去找工作？他毫不犹豫地选择了后者。

他不要安逸，他要拼搏；他不要停滞不前，他要挑战。

2. 内蒙古的艰苦日子

毕业后的闫鸿志，去了一家名叫赤峰元宝山大兴肉鸡公司的乡镇企业。

这是一家刚成立不久的乡镇企业，也就是后来的草原兴发公司，主要经营的产品是以肉鸡为代表的草原肉食品。在这个公司，学农牧业经济管理专业的闫鸿志顺理成章地成为一名财务人员。虽然专业看起来是对口的，可真的面对一堆数据和账本的时候，他还是有点傻眼，书本和现实的差距原来这么大，说白了就俩字：不会。

“不会也没什么大不了，我自学！”闫鸿志这样对自己说。

每天下午下了班，闫鸿志在公司食堂简单吃过饭，就直接回到办公室，把公司以前的账本搬出来一页一页地钻研学习，常常一学就是一整晚。没多久，他就把财务工作的整套流程摸清了。不仅如此，他还青出于蓝胜于蓝。只要写错一个数字，闫鸿志就会把那一页撕掉重新誊写。凡是闫鸿志做的活页账本，一个涂改的痕迹都没有。工整的字迹、无任何错误和涂改的账目——闫鸿志做的账本一直被总部后来的财务人员当成学习的范本。

他在公司总部的财务室总共干了 4 个月，就被调到了呼和浩特分公司。闫鸿志记得特别清楚，到呼和浩特那天是 12 月 12 日，正值严冬。

分公司的条件不比总部。在总部的时候，闫鸿志住的是招待所，那条件简直可以用一个“爽”字来形容。而呼和浩特分公司，墙壁都没刷过涂料，只有光秃秃的沙泥墙，地板砖也被火炉熏得黑漆漆的，最糟糕的是，连暖气都没有！整个分公司只有三间房，还分在两处，其中一处是吃饭的地方，里屋的小间有一张上下床，这间房让两个女员工住了；另一处则是一间大办公室，里面唯一的一张床给经理睡，闫鸿志等几个小伙子只能睡用木板搭起来的大通铺。偌大的办公室只有一个火炉，为了避免睡着后煤气中毒，火炉在大家睡觉前必须熄灭。

呼和浩特的冬天，气温在零下二三十摄氏度时，可把闫鸿志他们冻得够呛，晚上钻到被窝里，一整夜手脚都是凉的，根本暖不过来。为了保暖，他们不得不穿着厚厚的衣服睡觉。一整个冬天，闫鸿志的棉袄、毛衣和毛裤就没有脱下过。

就是这样的环境，闫鸿志一待就是三年。条件自然是极其简陋，可大伙的干劲却越发高涨了，感情也如战友一般。经理王友山和闫鸿志更是像父子一样，闫鸿志出去办事的时候，经理常会叫住他，然后拿起一把梳子，仔细地帮他梳一遍头，边梳还边念叨：“出去见人，就要整整齐齐，不然会被人笑话。”多少年之后，每每回想起这件事，闫鸿志都觉得，“那是一种父爱般的感觉”。

经理很愿意培养闫鸿志，让他去跑市场、做业务。闫鸿志也从未满足于当一个普通的财务人员，他想到市场的最前端去。但闫鸿志是这里唯一的财务人员，所有财务工作都由他负责，他说："必须把财务工作做好，才能有时间做其他的事，为了不耽误时间，我的财务工作都是在夜里做的。"每到月底结账的时候就更加忙碌，常常要熬通宵。经理每天早上起得很早，起来之后发现闫鸿志还在伏案算账，不由得心疼起来，连忙催他上床睡会儿觉。但也就眯一小会儿，早上 8 点来钟闫鸿志就又开始一天的工作了。

白天，闫鸿志则要忙着跑业务，他一直在市场最前端，呼和浩特的商场、批发市场、农贸市场，甚至需要农产品的工厂，他都跑遍了。除此之外，他还要骑着板车送货、帮厨房里做饭的老太太挑水。最累的是卸货，几十吨的货就闫鸿志和另一个小伙子来卸，他们速度很快，通常两三个小时就能把货全部卸完，所有的货品在冷库里码得整整齐齐、满满当当。货每天都有，少的时候 15 吨，多的时候 30 吨、50 吨，闫鸿志他们每天卸货，不论多少，不论冬夏。夏天的时候，即使在冷库里，他们穿着短袖照样汗如雨下。有的时候，半夜里货到了，所有人都二话不说，麻利地从被窝里爬起来卸货。

在呼和浩特那三年，是最苦最累的三年，也是闫鸿志进步最快的三年，更是闫鸿志最幸运的三年。令他感到幸运的是，有一群好同事、好战友跟他一起挥洒汗水；遇到了一位好领导，待他如子，又愿意给他更大的发展空间；没有虚度年轻的光阴，在大草原上他得到了真正的成长。闫鸿志所在的草原兴发呼和浩特分公司，也成为那一时期草原兴发各地分公司中的标杆。

3. 单枪匹马闯北京

1996年，草原兴发公司开始进军北京市场，经闫鸿志的老经理举荐，公司派闫鸿志前往北京打头阵。

1996年的3月8日，闫鸿志启程了。老经理把他一路送到北京，从工作到生活，千叮咛万嘱咐，才依依不舍地离开。老经理回去之后，整个北京分公司就只有闫鸿志一个人了，他没有领导，自己就是经理；他也没有业务员，自己就是业务员，他甚至连个说话的人都没有。闲下来的时候，他也会觉得孤单，但他没有多少精力去感受孤单，而是一刻不停地忙碌着，为了他眼中几乎能望到的美好的未来。

花了大概三个月的时间，闫鸿志一个人办齐了北京分公司的所有证件，建了冷库。一切筹备就绪，闫鸿志给总部打电话："派员工来吧，公司已经建好了。"

没多久，总部就给闫鸿志派来了五六个员工，北京的团队算是初步建设起来了。创始阶段，条件仍然是艰苦的，他们骑自行车、坐公交车一家一家地跑业务。那时候还没有超市，只有小便利店和分散的农贸市场，他们就到一家家便利店去谈、一个个市场去问。半夜里货到了，作为领导的闫鸿志也和大家一样麻溜起床卸货。渐渐地，员工扩大到几十人，再到上百人、几百人。就这样，闫鸿志带领着一班战友一样的伙伴，将草原兴发北京分公司一点点发展壮大。

从一个稚嫩的小会计到"开疆拓土"的功臣，闫鸿志把青春挥洒在了草原兴发成长壮大的路上。对闫鸿志来说，这不是创业也是创业，草原兴发就是自己的事业。

在闫鸿志的带领下，草原兴发北京分公司不仅在北京市场站稳了脚跟，还给公司培养输送了一批又一批的人才，被总部称为草原兴发的“黄埔军校”。

第二节 始创店中柜

在闫鸿志的带领下，草原兴发北京分公司不仅培养出一批又一批的人才，而且独创了许多先进的经营模式，肉食品的“店中柜”就是其一。

闫鸿志刚到北京的时候，北京还没有大型的食品卖场，也没有超市，有的只是菜市场、农贸市场、批发市场、便利店这种零散的小型卖场。草原兴发的产品也只能进入这些小型卖场。

后来，北京市场的业态形式逐渐发生了变化，其中最大的变化就是超市开始出现。大型超市不同于普通的小卖场。在小卖场中，消费者一般会直接询问售货人员，由售货人员推荐产品或者自己指定产品由售货人员帮忙取货，再加上这些地方环境大多嘈杂，消费者通常买完需要的东西就走，很少会有“闲情逸致”去挑选货品。而超市则不同，偌大的卖场只有少数理货人员和导购，大部分时候，消费者在超市内不会受到他们的干扰，需要自助挑选自己需要的产品。在超市，同类产品摆在一起，消费者大多数情况下会多方比较、精挑细选。更重要的是，超市环境比菜市场等地方的环境好得多，消费者会“逛”超市，会“逛”就会挑，这就在无形之中增加了同类产品的竞争力度，如何在这么多产品中脱颖而出，就显得尤为重要。

没有了销售人员的引导，如何在超市里让自己的产品脱颖而出呢？无非有两条路：一是给自己的品牌设立专门的销售员；二是让产品自己说话，通过品牌形象展示吸引消费者注意。

几经思考，闫鸿志觉得，这两条路要同时走，那么最好的方式就是在超市中设立“店中柜”：由草原兴发负责提供产品、品牌形象，甚至销售人员，由超市提供场地建立“店中柜”，草原兴发的产品统一在这样的“店中柜”内进行销售。

创新的“店中柜”模式，使草原兴发在销售自身产品的同时，还宣传了自身品牌、塑造了品牌形象，也实现了和消费者的无缝对接，成功地增强了消费者对品牌的认知程度。相比传统的货架陈列，“店中柜”更容易彰显品牌个性，同时又可以提供有针对性的、完善的促销活动和售后服务，优化了消费者的体验。这就在给消费者提供可信赖的肉食品的同时，还实现了品牌的传播和积累；另外，也对超市的总体客流量有一定的促进作用。这种“店中柜”模式可让多方获利，因此一经推出便大受消费者和超市的欢迎，一举成功。

超市里的“店中柜”模式成功之后，闫鸿志又趁热打铁，建立了多家草原兴发的酒店，还有自己的品牌——“绿食店”，更开了草原兴发的涮园，一时间，草原兴发在北京市场实现了井喷式发展！

随着北京的超市越来越多，草原兴发的超市“店中柜”也越来越多，这对草原兴发在北京市场的扩张起到了极大的作用，草原兴发的产品开始大规模进入北京的大型超市。至今，家乐福、永辉等大型超市都保持着和闫鸿志的“店中柜”合作。

草原兴发的北京市场在闫鸿志的带领下被全面打开，骄人的成绩也让总部进一步肯定了闫鸿志的才能，很快，他被任命为整个华北大区的销售总经理，全权负责北京、天津、河北、山西、内蒙古等几个省、自治区、直辖市的市场营销，并继续兼任北京分公司总经理。那是2003年，闫鸿志才刚刚30岁。

升任大区销售总经理后，闫鸿志又马不停蹄地策划好了几个新项目，自此，草原兴发在整个华北大区的销售形势一片大好。仅仅两个月，华北区就建了200多家新店。而由闫鸿志一手创办的草原兴发北京分公司，销售业绩也一直稳居草原兴发所有分公司之首。

好的商业模式传播起来也出奇地迅速。很快，这种模式被同行业，乃至其他行业发现和借鉴，继而向全国蔓延。从肉食品到其他食品，再到化妆品、服装、日用品等多种品类，“店中柜”作为中国新经济形态下的一种新的合作和营销模式，被各行各业广泛采纳，成为超市、商场、卖场中一种最常见和最基本的销售模式，对整个中国的经济都有一定的影响。鲜有人知的是，这种模式的创始者正是闫鸿志。

第三节 “绿鸟鸡伴侣”推广中的几个关键创意

闫鸿志对草原兴发的贡献绝不止于此。公司的大型营销活动、重要产品的推广，他都有参与，在某些项目上甚至扮演着至关重要的角色。

1998年，草原兴发总部推出了新产品，一款草原上的散养鸡——“绿鸟鸡”。总部很重视这款产品，董事长亲自给绿鸟鸡策划了广告语：“饿了吃青草，馋了食蚂蚱。”散养的鸡营养价值很高，但养殖成本也高，所以价格比普通鸡要贵，刚刚推出时，市场反响并不好。

对此，公司总部非常着急，赶紧召回闫鸿志等几个大区销售经理开会商讨对策。会上，闫鸿志提出了自己的想法：

“‘绿鸟鸡’是好产品，营养价值高，但是老百姓买食品，首先考虑的是‘好不好吃’，其次才是‘有没有营养’。如果一款产品营养价值高就会受到消费者的欢迎，那还不如直接卖保健品。对消费者来说，他们并没有品尝过‘绿鸟鸡’，口味好不好是他们关心的首要问题，这个问题不解决，花多少钱做策划、做推广都将事倍功半。”

一席话引起了在座领导和同事的注意。闫鸿志继续道：

“我们的产品从品质上已经与市场上的其他产品区别开来，那么接下来我们要解决的就是让产品的口味也与市场上的其他产品区别开。康师傅的方便面为什么这么受欢迎？是因为它好吃，康师傅的好吃不是在于面饼本身，市场上的方便面面饼口味差别不大，最大的差别在于康师傅的调料包好吃。所以，我们应该生产一种‘绿鸟鸡伴侣’。对消费者来说，不是所有人都擅长厨艺，同样的鸡，有的人做得好吃，有的人做得不好吃，这是厨艺的差别。但是，如果我们的‘绿鸟鸡伴侣’让懂厨艺的人能做出好吃的炖鸡，让不懂厨艺的人也觉得做出来的鸡很好吃，那我们就成功了。”

说得没错！消费者买的其实不是鸡，而是吃鸡的需求，他们希望鸡好吃又有营养。“绿鸟鸡伴侣”正好解决了消费者的一大痛点。闫鸿志的发言得到了大家的赞同，总部立即着手生产研发“绿鸟鸡伴侣”。

仅用了二十多天，“绿鸟鸡伴侣”就研发成功了。每一只绿鸟鸡都配有一份液体袋装的“绿鸟鸡伴侣”，消费者只要在炖鸡的时候一起倒入“绿鸟鸡伴侣”，就能做出美味的鸡汤。

果然，“绿鸟鸡伴侣”推出后首先受到了经销商的欢迎，有位经销商甚至跟闫鸿志说：“这‘绿鸟鸡伴侣’太美味了，他们在一楼炖鸡，我在六楼都能闻到香味！”毫无疑问，如此的美味自然也大受消费者欢迎，高品质的鸡肉、简单的操作方法，再加上美味的口感，“绿鸟鸡”叫好又叫座，从此打开了市场。

市场的打开并非意味着从此可以一劳永逸，闫鸿志等人为“绿鸟鸡”的推广又做了大量的工作，公司总部也继续下大力气进行宣传和品牌建设。

2004 年，同样在闫鸿志的策划下，公司面向全国消费者举办了一场“绿色之旅——草原兴发幸运消费者夏日草原游”活动，凡购买草原“绿鸟鸡”的消费者，都有机会获得免费旅游大草原的机会。如此全国性的活动，在业内乃至其他行业都不多见，买一只十几元的“绿鸟鸡”就有可能获得一次内蒙古大草原之旅，对消费者的吸引力非常大，全国的消费者都在热情参与。很快，草原兴发将全国各地的中奖者组织起来，进行了一次500人的内蒙古草原游，其声势之浩大，引起多家权威媒体的争相报道，至今都被当作一次成功的全国市场营销活动的范本。

很快，又到了2005年的春节，那是个农历鸡年，闫鸿志又有了一个好点子：2005年是鸡年，与我们的产品有关，这是我们的大好机会，我们为何不冠名今年“我最喜爱的春节联欢晚会节目评选”呢？

这个点子立刻得到了董事长的支持，董事长连说：“对、对、对，这个我们一定得做！”说做就做，草原兴发斥资2000万元拿下了这一冠名。果不其然，“绿鸟鸡杯”我最喜爱的春节联欢晚会节目播出之后，草原兴发“绿鸟鸡”在全国市场上立刻供不应求，几度脱销。这一“战役”从此奠定了“绿鸟鸡”在全国市场的地位，直到十多年后的今天，“绿鸟鸡”仍然被广大消费者认可。回想起那时，闫鸿志笑着说：“那年的春晚和元宵晚会，我都是在现场看的。”

其实不仅是这次，草原兴发两次在电视上做宣传都是闫鸿志倡议的。早在1998年，那时“绿鸟鸡”还没问世，正值1998年版《水浒传》电视剧热播，闫鸿志就向董事长提议做《水浒传》的贴片广告。当时，在闫鸿志的提议下，草原兴发抓住机会，以700万元拿下了《水浒传》的贴片广告。在那个年代，700万元无疑是一笔天价广告费，但事实证明这笔钱花得值。随着《水浒传》的全国热播，草原兴发的销售业绩也突飞猛进。

十来年间，闫鸿志从一个刚毕业的稚嫩学生成为一个全国性大企业的功臣良将，草原兴发对他来说，是工作的地方，也是生活的地方，这里有他的一群战友般的同事，这里有他成长的回忆，这里也有他的汗水和笑声。

闫鸿志说，从当年他刚进公司时的记账本，到后来的许许多多策划方案，他都完好地保留着。闲暇的时候，他常会拿出来看看。那泛黄的纸张背后，满载着的是他的经历，是他的青春，是他的人生。

第四节 草原兴发的重组上市与易盛玖的"被逼出生"

1. 突如其来的 SARS

2003 年，一场突如其来的疫情席卷了中国，那就是非典型肺炎 SARS。难治愈、易传染，一时间，人人谈 SARS 色变，全国上下都陷入恐慌之中。不少人至今回忆起当时的情景，仍心有余悸。

那时，北京作为疫情的重灾区，更是到了人人自危的地步，公司放假、学校停课，无数打工者离开北京回老家避灾，往日里车水马龙的街道一下子空空如也，繁华的北京城仿佛一夜之间变成了一座空城。

但是，总有一些人不得不冒着染病的危险坚守岗位，闫鸿志的团队就是其中之一。超市是支撑一座城市的基础行业之一，如果超市停业了，这座城市的基本生活功能就会陷入瘫痪，所以，在这样危险的时刻，草原兴发人无法退缩。那段时间，在公司里办公的人都不敢随便外出，吃住都要在公司，这也还好，更麻烦的是那些一线的终端售货员，他们必须坚守柜台，面对来来去去的消费者。

很快又到了每月发工资的日子。那时不比现在，没有工资卡，只能领现金。一线的员工们都等着发工资，可“非典”时期不比寻常，政府有关部门建议所有市民尽可能减少外出活动。

这可怎么办？大家的工资不能拖欠，可这样的情况，让谁去发工资也不合适，毕竟疫情非比寻常。闫鸿志当即决定，自己去！

不顾同事的阻拦，闫鸿志把大家的工资用信封一封一封地包好，就开车上路了。马路顺畅得可以飙车了，往日经常堵车的地段几乎一辆车都见不到，连二环都看不到几辆车。闫鸿志心里也有些打鼓，可他是团队老大，这样的时刻，他不冲在最前线怎么行？对那些一线销售员来说，他这样做对他们也是一种鼓励。到了各个店里，他看到有的销售员没有戴口罩的，就赶紧劝大家戴上，可为了鼓舞士气，他自己却始终坚持不戴。

全北京城，草原兴发共有百余家终端店，闫鸿志开着车一家一家送钱，每天跑十六七家店，要连着跑好几天才能送完。就这样，闫鸿志每天开着车，一边听着车载广播里报道的感染病例不断地增加，一边打算着下一站去哪家店发工资。疫情最严重的那几个月里，每个月都是如此。

每天都有很多员工阻拦他，有的终端售货员说：“闫总，您别送了，我们晚发一两个月工资也没事，太危险了。”可闫鸿志不听，他是公司负责人，有义务按时把工资发给大家，也有责任去探望这些奋斗在最前线的兄弟姐妹们。后来，公司的几个高管也一起加入送工资的行列，大家开着车，全北京城一个个超市去送工资。

夏天很快过去了，疫情也逐渐得到控制。北京虽然是 SARS 疫情最为严重的城市之一，但是凭着闫鸿志团队的努力，草原兴发北京分公司的销售业绩并没有受到太大影响。

2. 草原兴发剧变

草原兴发对闫鸿志来说，有着非比寻常的意义。这里有他的成长足迹，有他的职业生涯，有他同甘共苦的兄弟，有他对未来的期许。

内蒙古草原兴发股份有限公司，成立于 1993 年。从它成立那年起，刚毕业的闫鸿志就成为其中一员。伴随着草原兴发的成长壮大，闫鸿志也不断成长进步，闫鸿志青年时期在草原兴发的奋斗史，几乎就是草原兴发发展史的一面镜子。1996 年，闫鸿志独自赴京建立草原兴发北京分公司，在他的领导下，北京分公司的业绩快速增长。1997 年，草原兴发在深交所挂牌上市，并在全国市场迅速扩张，公司以自建网络的方式，一度在全国各省（区、市）建立 7 个销售大区、30 余家销售分公司，在国内建有 500 家“绿鸟鸡”火锅快餐店，成为全国最大的草原肉食品生产企业、国家农业产业化龙头企业。

如果可以，闫鸿志希望能一直陪伴草原兴发成长下去。

然而，天不遂人愿。熬过了 SARS，却又来了禽流感。2005 年年底，受禽流感等影响，加之自身的战略失误、管理不善等问题，一直被外界看好的草原兴发在其 2005 年年报中显示出现了 3.89 亿元的巨亏。紧接着，股票停牌、董事会集体辞职等一连串打击接踵而至，没有给草原兴发一丝喘息的机会。草原兴发这个庞然大物，在短短一年间，就由极盛突然转衰。

对草原兴发人来说，这是难以想象的灾难，拖欠工资、失业让大家陷入了无尽的惶恐之中。

草原兴发是内蒙古的重要企业，千钧一发之际，政府出手相助了。在政府的主导下，平煤集团接手了草原兴发的大部分负债，实现了草原兴发的重组。对草原兴发人来说，这并不意味着噩梦的结束，草原兴发所有的分公司都面临同一选择——要么，接手分摊公司剩余的负债和人员；要么，分公司就地解散。

3. 易盛玖的“被逼出生”

总公司负责人很快便来到北京与闫鸿志谈判。此刻，闫鸿志的内心痛苦极了，他不愿看到自己为之挥洒青春的草原兴发落到如此地步，他带领的北京分公司也根本无法承担分摊下来的债务。手下的 200 多个员工与自己情同手足，他实在不愿意让昔日的兄弟就此失业。200 多个人的背后，是 200 多个家庭，如果就此失业，他觉得自己就是罪魁祸首。可他即便咬牙接下债务，等待他的也同样是公司因无力承担债务而破产解体的命运。那一刻，他真正感到无奈。

痛苦归痛苦，无奈归无奈，路还得走，再大的压力他也得扛着。不能撒手不管，也不能螳臂当车，不得已，他做出了此生极为重要的一个决定：

带着这帮弟兄，重新成立一家公司，继续走下去！

闫鸿志立刻召开紧急会议，和大家商议。说明情况之后，他问道：“事情就是这样的，我的想法是，我们成立一个新的公司，咱们大家还在一起奋斗。你们觉得呢？”

接下来是几十秒的沉默，会议室里寂静无声，每个人都陷入了思考与挣扎。闫鸿志虽然没有说得特别清楚，但谁都明白，总公司不要他们了，他们失业了，但闫鸿志并没有放弃大家。终于，有人打破了沉默："闫总，我愿意跟着你走！"

"我也愿意！"

"我也愿意！"

"跟你走！"

……

就这样，原草原兴发北京分工司95%以上的员工留了下来，他们跟闫鸿志一起，成立了北京易盛玖商贸有限公司。

那一天，
我不得已上路。
为不安分的心，
为自尊的生存，
为自我的证明。
路上的辛酸已融进我的眼睛，
心灵的困境已化作我的坚定，
在路上，用我心灵的呼声；
在路上，只为伴着我的人；
在路上，是我生命的远行；
在路上，只为温暖我的人。
……

刘欢这首《在路上》，正是闫鸿志成立易盛玖时内心真实的写照。造化弄人，一直以来最坚实的依靠，却在转瞬间轰然倒塌。草原兴发的重组，导致近万名草原兴发员工失业，幸运的是，这数万名失业员工里，无一人来自闫鸿志带领的团队。成立易盛玖并不是闫鸿志的唯一选择，以他当时的实力，大可以选择其他行业，养活自己的家庭完全不是问题，而且重组后的草原兴发的领导也很愿意他能继续留在草原兴发工作。可他不仅仅要养活自己的家，还想顾及他的200多个员工的家。

剧变面前，纵然有万般不舍，为了保住大家的饭碗，闫鸿志他们不得已上路了。转念想来，是什么公司并不重要，重要的是，大家还在一起。

第五节 剧变下的平静

闫鸿志带着原草原兴发北京分公司95%以上的员工，成立了北京易盛玖商贸有限公司。原团队里，除了几个回老家的员工之外，剩下的近两百名员工几乎全部留了下来，其中，中高层人员大多在易盛玖入股，他们相信老闫能够带着他们杀出一条血路，继续生存下去。

形势所迫，如果不成立新公司，近两百名员工就会立刻失业，所以先让员工保住饭碗是最重要的。易盛玖不同于其他新成立的公司，不可以潇洒地挥挥手切断过去、一切重新开始。易盛玖自成立起就要养活近200人的团队，无奈之下，易盛玖刚成立的那几个月只能先依托原来经营草原兴发时所积累的资源，从上游供货商，到下游经销商、超市，此外，那时易盛玖也只销售一种产品：草原兴发的全系列产品，可以说与当年的北京草原兴发绿食商业连锁有限公司一模一样，只是换了个公司名称而已。

尽管已经"另立门户"，看着草原兴发面临如此困境，闫鸿志仍然很痛心。成立北京易盛玖商贸有限公司时，闫鸿志在草原兴发的工作还没有辞去，他还放心不下草原兴发，甚至答应了草原兴发总部的调度，一度先放下刚“出生”的易盛玖，赴内蒙古的草原兴发总部任职，希冀能为草原兴发的重振贡献一份力量。但是，闫鸿志很快就发现，重组后的草原兴发已经不再是自己原来熟悉的样子了，自己留下来的作用不大，而北京的易盛玖和近200名员工还在等着自己，所以，仅仅两个月，闫鸿志就从内蒙古辞职回到北京。自此，易盛玖和草原兴发已不再有任何关系。

刚成立不久的易盛玖面临着关系其生死存亡的剧变。新的草原兴发还在继续经营，新的草原兴发北京分公司也迅速成立，一山不容二虎，它们势必会挤占易盛玖的市场。是与新的草原兴发团队继续竞争下去、抢夺市场，还是砍掉草原兴发的产品、从头来过？

或许是受家庭的影响，闫鸿志做人向来讲究，从不贪人一分便宜。在草原兴发那些年，每年从他手里流过的资金何止几亿元，可他从不动分毫。每每回家，母亲总叮嘱他：“你能赚多少钱，咱就花多少钱。你现在手里的权挺大，能动的钱很多，但是，不是咱的就一分都别动它。”闫鸿志深深地认同母亲的话。草原兴发北京分公司业绩斐然，业内一度盛传闫鸿志个人资产至少一亿元。闻此谣传，他总是十分无奈，笑笑说：“我哪有那么有钱？除了工资、奖金，我多一分收入都没有。”公司总部每年都派审计到各地分公司检查，闫鸿志为了避嫌，在审计完成、审计报告出来之前，一概不见任何审计人员。只有等全部报告出来之后，他才会尽尽地主之谊，款待一下远道而来的同事。在草原兴发十几年来，闫鸿志没有出现过一分钱的财务问题，他的财务清清楚楚、干干净净。

因此，当易盛玖面临生死抉择的时候，闫鸿志痛定思痛，决定砍掉草原兴发全部产品和市场！

十几年的辛苦经营，草原兴发的北京市场就像闫鸿志的孩子，是闫鸿志让它从无到有、从小到大，所有分销商是自己辛辛苦苦积累的，所有市场都是自己点点滴滴拼来的，说砍掉就砍掉，能不心疼吗？可闫鸿志必须这么做，因为他就是这么一个讲究的人。

砍掉草原兴发的产品并不仅仅是出于道义，更是出于理性的考虑，他意识到草原兴发总部的团队已经变了，经营理念等也会发生变化，未来不可预测，如果当断不断，日后再想砍掉就没那么容易了。

新的草原兴发北京团队并不希望闫鸿志离开，他们多次找闫鸿志，希望他继续接手。下定决心后，闫鸿志说："草原兴发的产品我真的不做了。这样吧，产品、市场、分销商我全都交给你们。"对方一时间不敢相信，闫鸿志真的有这么大度？虽然按理说闫鸿志要走了，确实应该把资源都交还公司，可是现实中有几个这样的"傻瓜"？他们甚至不好意思接受："老闫，我们不全要了，给你留一块儿吧！"

"不用，别给我留，没有关系，你们全拿去吧！"闫鸿志十分坚持。

对方仍然不敢相信，他们担心闫鸿志只是口头上答应，实际行动中并不会真正配合。闫鸿志自然看出了他们的顾虑，说道："你们不要担心，我既然承诺了交给你们，就一定会这么做。你们若是接手不顺利，我就派人去帮你们，我让他们拿着公司的文件按规矩办理。所有的市场，所有的业务，都清清楚楚地交给你们。"

果然，交接进展得十分顺利，不到 20 天，闫鸿志辛苦经营了十多年的北京市场就全盘交付给了新来的团队。对此，闫鸿志没有遗憾与不舍，他觉得事情按道理就该这样，自己之前再多的付出，也都是为草原兴发的付出，既然走了，所有的积淀就都不再属于自己，该交出去的就要交出去。

此时，易盛玖的处境变得非常艰险。从表面上看，易盛玖运转正常，还是原来的团队，大家依旧做着和从前一样的工作。实际上，易盛玖正面临着巨大的危机，近 200 名员工需要生存，公司需要发展，而大家一直以来熟悉的所有产品和市场都没有了，只能从零开始。闫鸿志面临的压力可想而知，他必须重新梳理自己的产品线和经营内容，但他心里的压力又不能对员工讲。

为了稳定军心，闫鸿志立刻召开紧急会议，向大家说明情况，希望大家理解，并且告诉大家引入新产品也将为公司打开全新的局面，长远来说是非常有益的。那时闫鸿志的内心也有些没底，他不知道他的团队会不会支持他，经营了十几年的产品全部砍掉，重新寻找产品，任谁也难平静地接受。

他的团队果然没有让他失望，面对如此剧变，没有人对闫鸿志的决定提出异议，员工们表示："既然闫总决定了，那咱们就开干吧！"其实，闫鸿志也知道，没有人提出异议并不代表所有人都赞同他的做法，大家会觉得砍掉草原兴发的全线产品有些感情用事，闫鸿志完全可以不这样做。且不说大家心里对熟悉的产品的不舍之情，更难以避免的是短期内业绩和薪酬的下降。但大家心里一直有一个信念，那就是：相信闫鸿志的选择，有他在，公司就不会走偏，他们从未怀疑过这一点。

闫鸿志被大家对他的信任所感动，接着部署了行动方案，所有人心里都憋着一股劲儿，这次只准成功不准失败，一旦失败，易盛玖就很难翻身。部署完之后，大家立刻开始行动，等待他们的工作很多，他们要保证在市场不震荡、卖场不震荡、消费者感知度不强的情况下，完成产品的移花接木，还要进行产品的促销、展示、宣传等一系列活动。

是的，草原兴发的产品已经不能再经营下去了，必须迅速找到新的产品。天玛生态是个非常值得信赖的品牌，它的总经理是闫鸿志在草原兴发的老同事，闫鸿志自己也在天玛生态持有股份，因此，闫鸿志迅速将天玛生态的产品接入易盛玖，这样，易盛玖初步解决了产品的问题。

接下来是市场问题。闫鸿志再次创造了一个奇迹：仅仅用了两个月的时间，就将天玛生态在北京的市场全部铺完，北京城内的所有卖场几乎都能看到天玛生态的产品。对此，有人惊叹："一夜之间，北京市场就被天玛生态占领了。"

天玛生态的市场何以铺得如此顺利？

一方面，要归功于易盛玖员工的战斗力和危机应对能力，他们都身经百战、敢拼敢干，对北京市场的情况了如指掌，自然上手快。多年之后，闫鸿志想起此事，仍会不无感慨地说："那个时期主要是靠我的这帮弟兄们撑过来的，我只是摇旗呐喊，真正干实事的是他们。"大家一个个客户挨着谈，一家家超市去落实，很多客户对他们的新产品并不了解，但就因为与易盛玖销售人员的长期接触产生的信任，很多客户直接就答应了。

另一方面，闫鸿志多年来的合作伙伴也十分地信任他，他们看中的并非闫鸿志经营的产品，而是闫鸿志这个人，即使他们中大多数人跟闫鸿志素未谋面。

"老闫有什么，我们就卖什么！"

"给老闫供货可以暂时不用他付款，多供点给他没关系，反正我信得过他！"

那段时间，没有一家合作伙伴因为公司的变更而终止与闫鸿志的合作，上游供货商继续供货，下游分销商继续分销，超市的店中柜仍然是原班人马，只是换了产品和包装，就连最基层的消费者也只是认那个"柜台"和销售员，那个柜台卖什么，他们就买什么，那个销售员推荐什么，他们就买什么。所以，经历如此剧变，易盛玖的市场却丝毫没有缩水，稳健地度过了这一时期。

几年后，当初草原兴发在其他地区的分公司也纷纷进行战略调整，但正是因为晚了这几年，他们调整起来就比闫鸿志当时困难得多，因为纠缠得越久，依赖性就越强，想要彻底砍掉就越麻烦。此时，大家才纷纷佩服闫鸿志当时的胆量。闫鸿志这一步走得虽然艰险，但确实走对了。正是闫鸿志道义上的大度和快刀斩乱麻的果决，为易盛玖打开了全新的局面。

这就是易盛玖的身世。在不到两年的时间里，换了公司，换了产品，交出了市场和客户，经历了“大换血”般的剧变。从外部看来，却出奇地平静，所有岗位的员工都各司其职、井井有条，没有人因此剧变而离开，也没有人提出质疑和反对，这一切都源于闫鸿志和他的员工之间的那份信任和多年来兄弟般的感情，正是因为这份信任和这份感情，才有这次剧变下令人惊叹的平静。就这样，易盛玖奇迹般地保留了完整的团队，又迅速找回了市场，顺利平稳地渡过了难关。

第六节　易盛玖与其前身的同与不同

在不得已之下，易盛玖诞生了。虽然是个新公司，但它并不能算是初创团队，恰恰相反，易盛玖有着非常成熟的团队，他的团队就是草原兴发北京分公司的创始团队，因此，可以说易盛玖的前身就是草原兴发北京分公司。

易盛玖脱胎于草原兴发，与草原兴发有着太多太多的相似基因，又有着太多的不同之处。

团队 95% 以上的成员都没变，还是那些跟着闫鸿志赤手空拳打天下的赤峰兄弟，仍然在原来的岗位上做着类似的工作。然而，他们的身份却变了，易盛玖是一个完全独立的公司，而且，很多骨干员工持有易盛玖的原始股份。在草原兴发的时候，大家是给草原兴发打工，大家都是草原兴发的员工。而到了易盛玖，大家是给自己打工，易盛玖是大家的易盛玖。

易盛玖是一个股份制公司，当初创立易盛玖时，很多员工持有股份。也正是这些股份，扎扎实实地提升了整个团队的凝聚力。大家和易盛玖真正地绑在了一起，共负盈亏，一荣俱荣，一损俱损。员工不再是打工者，而成了公司的拥有者，自然拥有了归属感。

在这个世界上，给任何人干活都不如给自己干活积极。毫无疑问，员工持股最直接的好处就是大家的积极性更强了，对公司更加负责任了。公司是自己的，公司发展得好自己也有面子，更何况，年底还有分红，大家工作起来自然就更有劲儿了。

在草原兴发的时候，由于只是分公司，天塌下来还有总部撑着，所以总会有种依赖感。而现在不同了，易盛玖的分工更加明确，每个人都有自己独立的职责和权限，每个人都要对自己的工作直接负责，这样一来，大家的工作主动性更强了。反过来说，每个人都是公司的主人，活儿是给自己干的，也是给大家干的，一双双眼睛盯着，谁也不好意思偷懒，工作效率大大提高。

由于实行股份制，公司的决策流程也更加民主。从前在草原兴发北京分公司，闫鸿志一个人就可以拍板决定大部分事，但易盛玖是股份公司，重大决策必须经过股东大会讨论、投票表决，集合了大家的智慧，有效地降低了风险。两三百人的公司，说大不大，说小也不小，但易盛玖有着标准规范的章程，一切按章程办事，不存在专权、独断。尽管是家私营企业，但易盛玖仍然沿用了原草原兴发时期那套上市公司的管理标准。最典型的就是税务系统，上市公司的税务是比较规范的，相比之下，私营企业的偷税、漏税现象非常严重，但易盛玖这些年的财务非常规范，沿用了上市公司使用的财务管理系统，一切都按照上市公司的标准来执行，甚至连合理避税都没有做过。为此，易盛玖每年要多缴几百万元的税款，实在不是个小数目，但闫鸿志觉得值，他说："公司钱赚多一点或者少一点都没关系，但是千万不要触碰法律的界限，一旦触犯了法律，公司就随时可能崩盘。"

更重要的是，对闫鸿志来说，他一直把一件事牢牢地记在心里，那就是："当初成立易盛玖，是兄弟们支持我、相信我，他们本可以继续在草原兴发待下去，或者去别的更成熟稳定的公司谋职，但他们没有，他们愿意跟我一起冒险从零做起。假如大家不愿意跟着我一起出来，那就没有易盛玖的存在。"

是的，闫鸿志心底里对他的这帮弟兄们有着一份深深的感恩之情。他一直铭记当初创立公司的想法——为了让团队里的大家不失业、不散掉，一起工作下去。他从来没把员工当外人，工作上的事他要操心，员工买房、娶媳妇这种事他也操心，他的易盛玖是一个大家庭，大家都是兄弟姐妹，而他就是大家长。这一大家子不求大富大贵，但求平安快乐。对员工来说，又何尝不是如此？闫鸿志和他们十几年如一日地战斗在一起，从刚刚毕业进入职场到如今的成家立业，他们信任老闫、尊重老闫，那种感情已经融入骨子里。不管发生什么事，大家就是愿意挺老闫，不管发生什么事，也都有老闫帮大家伙撑着。员工们都觉得，这样的工作和生活，挺好。

准确地说，易盛玖是一个新的团队，大家有着多年来共同打拼的那份如战友如亲人般的真情实意。这是一个同甘共苦、一起赚钱一起分的团队，大家责权清晰，凝聚力和动力更强。这是一个用情义联结起来的团队，上班的时候大家一起拼搏奋斗，下了班大家一起喝喝小酒、聊聊天，完全像一家人。而易盛玖，就是他们的家。

第二章

追求做大做强，不如追求做得久长

第一节　草原兴发骤然变迁的反思

草原兴发，一个曾经驰骋全国的传奇企业，却在顷刻间轰然倒塌。企业的衰亡绝不仅仅只是企业领导者一个人的事，也不仅仅是企业管理层这一群人的事，它关系到企业的上下游合作伙伴，关系到企业千千万万名的员工，甚至关系到企业在卖场里的那些临时促销员。而这千万员工的背后，则是千万个家庭，所谓牵一发而动全身，企业的生死存亡是至关重要的大事。这让闫鸿志不得不开始反思：一个企业，到底怎样才能长久生存下去？

企业要做大、做强，自然毋庸置疑，甚至很多时候，企业的发展是被大趋势推动的。同理，许多企业的衰落，也是因为跟不上时代的潮流而被淘汰了。比如 20 世纪 90 年代非常流行的 BP 机（寻呼机）、十几年前十分普遍的 3.5 英寸软盘，如今早就销声匿迹了。是因为这些企业做得不好吗？显然不是。只是这类产品被时代淘汰了。曾经的手机巨头诺基亚、摩托罗拉亦是如此，智能手机时代来临之时，它们没有抓住机会，最终也难逃衰败的命运。

一个企业要在时间的洪流中长久生存下来，是多么不容易的一件事，它必须时时刻刻跟上时代的步伐。想要跟上时代的步伐，就一定要打好基础，有了牢固的基础，才能有随机应变的能力，才能有抵抗风险的力量，才能有审时度势的眼光。对企业来说，“活下来”远比“扩张”重要得多。股市有句谚语：“横有多长，竖有多高。”意思是说，横向盘的时间越久，未来的涨幅就越大。打好坚实的基础，用时间去换空间，当时间积累到了一定的“量”，当基础打得足够牢固了，也就达到了质变的节点，质变自然会产生。

很多企业由于赶上了时代的风口，趁势迅速强大起来，可老话说得好：“飞得越高，摔得越惨。”风口上的腾飞，是风险最大的腾飞，本身不具备飞行的能力，却被潮流驱赶着盲目腾飞，往往会摔得粉身碎骨。基础打不好的企业，就像是一个有“软骨病”的人，跑得再快也容易摔倒。

据统计，中国的中小企业平均寿命不足三年，而像草原兴发这样盛极一时的全国性大企业，竟然也说倒下就倒下，其中的教训，不能不让人深思。如今是互联网时代，互联网大潮造就了许多快速发展的公司，无数的创业者满怀热情地跻身于创业大军，使尽浑身解数就为了拿到天使投资，动辄几百万元的投资，几年之内公司总资产就能达到数亿元。似乎形成了这样一种误判：谁能拿到越多的风投，谁就越成功。但闫鸿志觉得，潮流力量再大、时代发展再快，最终，商业也仍然会回归到其本真上去。

那么，商业的本真是什么？一个企业的基础是什么？一个企业始终该坚守的又是什么？

一个餐馆，或许可以靠得天独厚的地理位置、高明的营销手段赢得一时的客户，但好质量、好味道、好服务、好环境才是它能够一直吸引食客的根本，也是它长久存活下去的关键。一个企业亦然，好的产品、强大的团队、完善的服务、稳定的供应链才是最重要的，它们都是企业的根基，只要根基打好了，扩张、融资都是自然而然的。

企业是有生命的，而企业的操守就是它的灵魂，企业的现金流就是它的血液。没有灵魂的企业就是一具行尸走肉，或许它有一具庞大的躯壳，却变得不堪一击。多年以来，易盛玖一直坚守着自己的灵魂，无论市场有多糟糕都不曾动摇。没有血液的企业，就算四肢再发达、头脑再灵活，也无法存活，所以，闫鸿志极其看重企业的现金流，每一分钱都要花到点子上，每一个决策都要经过深思熟虑，每一步路都要走得扎扎实实。

这些年易盛玖的发展路线偏保守，作为一家年轻的公司，易盛玖的规模不算大，抗风险能力也不算强，贸然前行会带来极大的风险。因此，多年来，闫鸿志在融资、上新项目等方面都十分谨慎。“这么多员工要生存、要吃饭，我不得不发展得稳一点，再稳一点。”闫鸿志说，“这几年也确实放弃了许多大发展的机会，但我并不后悔，根基打好最重要，我们现阶段稳扎稳打，日后才能顺利腾飞。”

用时间去换空间，从量变到质变，让企业健康发展，经得住摔打和考验，不浮夸、不盲目，坚持自己的操守，遵纪守法，扎扎实实地做产品，保证质量，信守承诺，打造团队，先让易盛玖能够长长久久地存活下去，而非光辉一时、昙花一现，这就是闫鸿志经营易盛玖的根本思路。

第二节　宁做小企百年不衰，不做巨企昙花一现

去过欧洲、日本的人都会有这样的感觉，行走在一些城市或小镇，常听有人说，这家面包店已经开了几百年。这样的小店通常员工不多，顾客却人满为患，想吃到一片普通的面包往往要排队等上半天。

当然，不只是咖啡厅、面包店这样的街边小店，在欧洲和日本甚至美国，有许多这样的企业，它们被称为“forever company”，即百年老店。它们的规模并不大，但往往能“一招鲜，吃遍天”，历经世事更迭，盛衰沉浮，天灾人祸，战乱饥荒，岁月沧桑，商业变迁，几道轮回，仍旧巍然屹立。

在日本，有一家企业叫金刚组公司，它是日本历史最悠久的企业，也是世界上历史最悠久的企业。其创立于公元578年，相当于中国的南北朝时期，已有1400多年的历史，专门从事寺院建筑业。在1400多年的延续中，金刚组公司经历过多次危机，但一直传承至今。

日本还有一个家喻户晓的酱油品牌，叫龟甲万酱油，其起源可追

溯到 1630 年，至今已经走过了近 400 年。它的主要产品就是酱油等食物调味料。龟甲万把酱油扎扎实实做成了一个文化产品，这个产品承载着人们共同的味觉，充满了很强的文化诱惑。它还设立了一个博物馆，把由中国引进的酱油，讲出了一个民族悠久的故事。这家企业如今的实际规模并不小，但在发展的道路上依然稳步前行、十分谨慎。每年海内外有近 2 万名年轻人投身龟甲万，其中不乏哈佛、牛津、剑桥的精英才俊，而龟甲万却只接纳 35 人左右。

这些百年企业有什么共同点？是什么让这些企业如此“长寿”？

答案可能有很多种，他们专注，有强烈的凝聚力，有良好的忠诚度，厚道，有不断学习的精神，有明确的目标，有百折不挠的精神和对未来充满期盼的理想与欲望。他们大多不盲目求快，不浮不怠，精益求精，久久为功。就像一个在放大镜下组装手表的老匠人一样，他们孜孜不倦地追求的不是手表花样的翻新，而是走时更加精确、零件更加精细、质量更加精良。他们看重细水长流，连绵不绝，专注于某个领域，不追求眼前利益，也为企业赢得了社会信赖，这种信赖是企业最宝贵的财富，提高了企业的抗风险能力。诚信经营加上透彻的匠人精神，还有保守的企业经营等也都成为企业长寿的秘诀。一位金刚组的工匠如此表述：“等到二三百年以后把这些建筑物拆开的时候，人家负责拆房子的木匠会想起我们这些匠人来。他们会感叹说：‘瞧这活儿，干得真棒！’”

很多中小企业，它们往往只生产单一的专业产品，却努力将这个产品做到无可替代。德国的 KPM（柏林皇家陶瓷厂）从 1763 年至今，其厂房已经经历过无数次改进，却仍然坚持着手工打造每一件产品，它们所生产的每一件瓷器至少要经过九道制作程序。“我们只专注在陶瓷上，不会做其他时尚的产品或是珠宝，这样才能牢牢地把控每一个环节。”

反观中国，能够长久地生存下来的企业少之又少。尤其是近些年，我们的身边出现了太多明星企业。它们一方面以一种百无禁忌的勇气创造和放大了市场的需求，成就了一段充满激情的创业神话；另一方面，它们的百无禁忌也极大地破坏了市场的道德规则。

在当下社会剧变的时代，或许踩对点、选对领域，就有能力在短时间内迅速崛起，淘到丰厚的一桶金，但若没有自己的核心竞争力，则必不能持久发展。草创型企业就像一辆正在高速公路上开得飞快的汽车，这辆汽车的发动机性能良好，然而除此之外，其他的一切就让人提心吊胆了：司机往往是一个不爱系保险带的“大胆飙客”，汽车的安全气囊是没有的，车胎、方向盘及各种零件更是隐患多多，乏善可陈。这样一辆高速行驶中的汽车，谁能保证它的安全？

市场竞争中的企业，如同一群人穿越一片长满玉米和充满陷阱的玉米地。穿越者的优胜条件是：他必须比其他的人更早地到达彼岸，同时，他的手中摘取了最多的玉米。为了实现这个双重的任务，他必须在速度、安全及高效三者之间进行一次次的权衡和抉择。这样的权衡和抉择，其实就蕴含了企业制度设计的全部艺术。

闫鸿志发现，现在的企业里，“快鱼”太多了，他们多是为了赚快钱而生，很少是为了踏踏实实做好一件事，企业家很难安心守住自己的一亩三分地，生意一好就想扩大规模，再也不愿意踏踏实实地埋头苦干、一丝不苟、精雕细琢。

人心不足蛇吞象，过分的贪欲只会加速自身的毁灭。在闫鸿志看来，一个企业做多大、做多强，都不如活得久长。企业首先要考虑的，应该是让自己长长久久地活下来。哪怕做得慢，只要一直向前，走的时间足够长，足够久，在某一领域内做长、做精、做细、做深、做透，不被眼前的假象所迷惑，终会抵达一个无法撼动的位置和无法企及的高度，以其独特的价值和不可替代的优势立身于世。

市场竞争中诱惑太多，无数的企业在诱惑中迷失了自己。有人说，当今中国的企业家普遍缺乏职业人格，缺乏道德感和人文关怀意识，缺乏对规律和秩序的尊重以及系统的职业精神。他们的骨子里是“差不多文化”，凡事不求甚解，缺乏数字概念和精益求精、追求极致的精神，很难耐得住寂寞。

宁做小企百年不衰，不做巨企昙花一现。闫鸿志下定决心，坚守自己做企业最初的想法，踏踏实实地做好产品，服务好客户，打造好团队，从最基础开始，用充足的耐心和时间去培育易盛玖的内在实力，用一颗安稳心、一颗敬畏心来做企业，要让易盛玖至少存在一百年！

第三节　以选择朋友的标准来选择合作伙伴

将易盛玖做成百年企业，是闫鸿志的梦想。这个梦想并不遥远，但要实现它却相当漫长。正如人的旅程需要朋友相伴，易盛玖的百年之路选择与谁一路同行，也至关重要。

不同的人，交友态度迥然不同，但总的来说大概分两类：一类人朋友很多，似乎和谁都聊得来，留个电话号码就是朋友，一呼百应，交友满天下，但深交的却不多。这类朋友其实不能算作真正意义上的朋友，只能说是玩伴；另一类人朋友不多，交朋友慢热，说起交朋友还有诸多要求，什么三观相符、爱好有同，但这类人的朋友有一个算一个，关键时候真顶事儿。

企业选择合作伙伴，就如同人交朋友。有的企业来者不拒，只要有利可图就行。易盛玖显然不是，闫鸿志是个较真儿的人。有人说："你的水平，就是与你最亲近的五个朋友的平均水平。"姑且不论这种说法的准确性有多高，但物以类聚，人以群分，一个人只有和优秀、可靠的人交朋友，才能对自身的发展起到有益的影响，闫鸿志对此尤其认同。在挑选合作伙伴这件事上，他自然也非常慎重。

子曰："无友不如己者。"意思是说，不要和与自己志向不同的人交朋友。闫鸿志选择上游合作企业非常严格，他只和优秀的、专业可靠的大企业合作，如金锣、蒙羊、大庄园等，都是国内肉制品行业的领先品牌。

食品行业的产业链是非常长且复杂的，也要经过养殖、屠宰、加工、运输、冷藏这几大环节，中间细小环节更是无数，任何一个环节出一丁点儿差错都会直接导致产品质量不过关，想生产出合格的产品就要确保每个环节都不出问题，这就要求生产者有很强的专业技术、完整的监控流程和高度的责任心。闫鸿志觉得，那些有实力的大企业在这些方面无疑会做得更好，其产品更有保障。易盛玖是一家商贸公司，以产品经销为主，自己生产的产品并不多。对于自己不生产的产品，想要完全控制产品的质量是不可能的，只能靠选择强大的、质量有保证的合作伙伴。

前几年频繁出现的"瘦肉精"事件，其问题产生的根源其实是在养殖环节。像易盛玖这样的经销商是把控不了养殖环节的，事实上，在事件曝光之前，闫鸿志也并不比别人多了解瘦肉精的内幕，他能做的只有增强对上游企业提供的产品的检测力度。当年，"瘦肉精"事件出现后，立刻引起了闫鸿志的重视。对产品，他一向要求"自己公司经销的产品要自己家人也能放心吃才行"。怎样才能完全杜绝瘦肉精出现在易盛玖经销的产品中？国内的肉不安全，质量如何他拿不准，也把控不了，那就找国外的肉！经多方了解，闫鸿志得知，黑龙江大庄园集团的羊肉全部新加坡进口，质量过硬，是真正的高品质羊肉，不可能存在诸如"瘦肉精"之类的质量问题。闫鸿志当即决定，一定要与大庄园合作。

老实说，像易盛玖这样的经销公司，是从不缺合作伙伴的，来谈合作的公司络绎不绝，从来不需要闫鸿志主动去找合作伙伴。可为了和大庄园集团合作，闫鸿志决定去一趟大庄园在黑龙江的总部，这也是他唯一一次主动上门去找合作伙伴。闫鸿志到黑龙江见到大庄园的陈董事长，说明来意后，两人一拍即合。但为了更细致地沟通，闫鸿志亲力亲为，连跑了两趟黑龙江，才把各项事宜都确定好。从此，大庄园集团羊肉系列产品在北京地区的销售都由易盛玖来负责。

后来，随着国内的肉食品管理日渐规范，各厂家生产的肉制品安全可靠度也大幅提高，闫鸿志方才敢与肉源来自国内的大厂家开展合作，其中就包括蒙羊。蒙羊是国内专业做羊肉的大企业，蒙羊的营销总监朱总十分认可易盛玖，来北京后专程找到闫鸿志，希望促成双方的合作。闫鸿志特意去蒙羊总部进行考察，考察发现蒙羊确实具有国内最现代化的生产线，于是与蒙羊展开合作。

实力和专业程度很重要，但对闫鸿志来说，更重要的则是合作伙伴的诚信和责任感。曾经有家品牌，原本与易盛玖的合作已经敲定，易盛玖在对正式发来的大批待销售产品进行抽样检测时却发现，竟然与之前签合同时发来的样品不一致！闫鸿志当即大怒，立即要求退货，并取消了与该品牌的一切合作。闫鸿志说："这样的欺骗太恶劣，让我怎么相信你？"

闫鸿志对产品的要求严苛到了极致。即使产品质量没问题，计量有问题同样不行。曾经碰到一种产品，按箱批发，每箱重 10 千克，但实际一箱只有 9.5 千克，这并不是个例，行业内也普遍接受了这一情况。闫鸿志对此却坚决不妥协。

"我要 10 千克的货，你就必须给我一箱 10 千克。"

对方退让道："我们一般都是 9.5 千克的，要不我按 9.5 千克给你们算钱？"

对方按 9.5 千克给易盛玖算钱，易盛玖也按 9.5 千克来重新标价卖给消费者，看似也行得通，但闫鸿志仍然不同意：

“那也不行，标的多少就是多少。你标的10千克，实际只有9.5千克，就算我按9.5千克付钱，可包装上还是10千克。我万一卖错了，按10千克的价格卖给消费者，我就是欺骗，绝对不行！”

对方没了话说。闫鸿志再三考虑后，直接终止了和对方的合作。

“不管是计量还是质量还是别的什么，我都要尽我所能来保证我的产品完全合格。”闫鸿志这样解释道。

时至今日，易盛玖已经经营了近十年，合作伙伴也越来越多，六合、蒙牛、蒙羊、大庄园、中粮、金路易、金锣、雨润等，都是高品质的一线知名品牌，每一个合作伙伴对易盛玖来说都是可靠、专业的“金牌”客户。

对此，闫鸿志说：“交朋友贵在真诚。每一个合作伙伴对我们来说都是重要的，我们都会用心维护、用心销售。同样，因为我们的用心，使得我们对对方来说也是重要的，对方也才会珍视与我们的合作。双方相互重视，这是一个良性循环。”

第四节　三道检测关，道道都是生命关

对企业来说，性命攸关的是什么？毫无疑问，是企业的产品质量。产品不合格，企业信誉无从谈起，企业的长久生存更无从谈起。

对一个食品企业来说，产品质量既是发展问题又是良心问题，既关系到企业的生死存亡，又影响着消费者的身体健康。闫鸿志深深地明白这个道理，他坚守产品质量的心从未动摇过。

近几年来，我国对食品安全的重视度不断提高，对食品的检测流程也越来越规范。就易盛玖经营的肉食品举例，上游生产企业在交付产品给易盛玖的同时，还要交付产品的抽样检测合格报告。生产企业必须对自己生产的产品先进行检测，检测合格后才能交给经销商，这是保证食品安全的第一关。我们国家为了保障食品安全也有诸多检查措施，比如产品进入超市前必须提供检疫票、消毒证明等完整的产品检验合格报告，再比如会不定期对市场上的产品进行抽样检查等。这是国家对食品产品必须进行的检测，由专门的部门负责执行，是保证食品安全的最后一关，经过这一关，安全的食品就能放心地到达普通

百姓的餐桌了。

一般来说，经过这两道检测关的产品，就符合国家规定，也基本没有质量问题了。市场上的正规产品都经过了这两道检测关，而食品经销商只需要检查供货企业的检测合格报告即可。

上游供货企业将产品送达易盛玖库房时，易盛玖会要求对方提供生产日期、检疫票、来货发票、随车消毒证明、道口章等全套证明。现江鸟物流仓储部的负责人韩勇多年来一直负责来货的抽检，韩勇的细致认真在团队里是出了名的，十多年来，由他主管的仓储部的产品出库、账目等没有出过任何差错。韩勇说："我们对到货质量的抽检不会小于10%。抽检最重要的是及时，要及时发现产品问题，是否缺斤少两，是否票据不全，是否有残次，等等，有任何问题都不允许入库。我们的产品根据储存条件、温度要求的不同主要分三类：零摄氏度产品、零下18摄氏度产品和常温产品。每一类都要单独存放，单独派人管理，定期抽查，时刻检查产品有没有变质、漏气、风化等，绝不允许有坏损产品流入市场。"

即便如此，这两道检测关依然不能让闫鸿志放心。所有到货产品，每个批次都要送交权威的第三方检测机构进行检测，无一漏检，就算是大庄园、蒙羊这些让闫鸿志十分放心的大品牌产品，也同样要进行检测。检测合格之后，产品才会在下游超市销售，假如有一项检测不合格，那就要立刻退货。闫鸿志还派了专人全权负责此事，这么多年来，易盛玖的检测报告已经积攒了厚厚的一摞。检测费并不便宜，检测一次就要1500元，为此，易盛玖每年要承担少则十几万元、多则几十万元的检测费用。随着易盛玖所经营的产品的品类不断扩大，检测费用也连年攀升。

明明已经有了生产企业提供的检测报告，为什么还要"多此一举"再检测一次？明明已经非常谨慎地挑选了信得过的合作伙伴，为什么还要自己再检测？

这要先从检测的项目说起。一般来说，易盛玖做检测有两项是必做的——DNA 检测和瘦肉精检测。所谓 DNA 检测，就是肉源性检测，确认牛肉确实是牛肉，羊肉确实是羊肉，而没有掺杂价格相对便宜的猪肉、鸡肉或者别的肉。这项检测看似简单，其实不然，在市场还不够规范的今天，黑心的商户太多，牛羊肉里掺杂猪肉、鸡肉等现象非常普遍，甚至拿老鼠肉冒充羊肉的事件也出现过，普通消费者肉眼又很难辨别。闫鸿志觉得，即使他的合作伙伴可能不会出现这方面的问题，但这项检测仍然是十分基础和必要的。而瘦肉精检测，通俗来讲，就是检测肉里有没有违禁药物的残留，通过了瘦肉精检测，就证明了这种肉的生长过程是正常、健康的，而没有喂食过某种功能性药品、化学品、食品。瘦肉精的检测难度和肉的品种有关：牛肉的瘦肉精检测比较容易，每一头收编的牛都有自己的编号，需要挨个进行抽血检验，检验合格的牛才会进入屠宰程序；羊肉的瘦肉精检测就与牛肉不同了，羊体积小，加工厂每天要屠宰成千上万只羊，每一只都挨着抽血检验不太现实，所以羊肉的瘦肉精检测一般采取抽样验尿的形式，即一群羊里抽出一只去进行尿检，这一只检测通过，就代表这一群都合格。一般来说，由于羊都是群体喂养，所以这样的检测方式也基本能保证质量，但抽样检测毕竟不能与挨只检测相比，风险要稍大些，生产企业也没有办法完全规避这种风险，所以闫鸿志觉得，自己再进行一次瘦肉精检测是十分有必要的。

易盛玖自检这道关卡的出现，也让其上游合作伙伴更加重视与易盛玖的合作。大家都知道，产品送过去之后，老闫是一定要自己再检测一遍的，为了避免出问题，他们都会格外注意。

闫鸿志说：“加了这样一道关卡，就是为了更放心。这不仅仅是对消费者负责，也是对我的企业负责，我的企业有几百名员工，也包括我，它是我们大家生存下去的保障。每年花几十万元去检测，比起千千万万名消费者的健康和我们企业的生存来说，算不了什么。”

我们时常感叹，在浩渺的宇宙中，人的生命是如此的脆弱，各种各样的疾病、自然灾害、意外事故等，随便一个因素都可能致人死亡。企业的生命又何尝不脆弱呢？质量、人才、现金流，任何一个环节出问题都会危及企业的生命。人间正道是沧桑，说不定什么时候，上苍的考验就会降临，只有坚守良心和操守的企业，才能经得住考验，长久地生存发展下去。

第三章

“老闫一句话，绝对没问题”

第一节　承诺是金：绝不让客户利益受损

2011年年底，又是一个寒冬腊月，整个北京城被寒冷的空气包裹着。热闹的北京城在这个寒冷的季节也稍稍沉寂下来，大街上的人明显比其他季节少了。

也难怪，没有多少人喜欢这样的低温天气，走在大街上的路人都行色匆匆，他们一点儿都不想在这天寒地冻里多待哪怕一小会儿。办公楼里的上班族们也忙碌着，他们中的大部分人都已经买好了回家乡的火车票，甚至打包好了行李，就等着放假，好回家过年。

这座城市每到这个季节都会如此，表面上看比平时更加安静了，事实上每个人的内心都多多少少多了点焦虑。

年关是消费旺季，家家户户都要备年货，各种肉食品更是年货里必不可少的，所以，年底是易盛玖一年的销售最旺季，也是易盛玖人最忙碌的时候。2011年年底更与往年不同，因为易盛玖刚刚扩展了业务范围，以前仅仅经营别人的产品，现在也开始经营自己的品牌。产品种类增加、销售量增大，这可是个不小的压力，易盛玖每个人都绷紧了弦，他们要站好今年最后一班岗，圆满收尾好回家过个团圆年。

然而，或许是上天觉得这点考验对易盛玖来说远远不够。这天，北京金路易速冻食品有限公司找到闫鸿志，要求合作，希望易盛玖也能经营金路易的产品。金路易是一个有二十来年历史的品牌，在北京颇有名气，在此之前，金路易一直是公司直营，但这次金路易看中了易盛玖的实力和口碑，就主动找上门了。

这是个不错的机会。金路易在北京的市场占有率不低，是个有口碑，销量也不错的品牌，人家主动找上门让易盛玖做代理，当然是好事。但风险也是有的，年底产品销量非平日里可比，闫鸿志担心公司的配送能力跟不上。思考再三，他还是咬牙与金路易签下了合同。

合同迅速签好了，大量的金路易产品迅速“占领”了易盛玖的库房，一度连走廊里都摆放满了。为了满足市场需求，公司全员几乎是日夜加班。但正如闫鸿志担心的那样，问题还是出现了。接下金路易的产品之后，易盛玖的资金、队伍都没有问题，配送却成了问题。越到年底，肉食品的需求越大，易盛玖现有的送货车根本送不过来。如果是平时，易盛玖还可以暂时找其他公司的送货车来缓冲一下，可偏偏是年底，根本找不到空闲的送货车。

这可怎么办？如果不能按时配送，那就是失信于金路易。诚信是易盛玖人最看重的，既然答应了，无论如何也要做到！

那天正好在物流部值班的董铭钢出了个主意，他给闫鸿志打电话：“闫总，送货这事，我有个解决方案，就是有点儿……”

闫鸿志说：“没事，你说说看！”

董铭钢说：“现在天寒地冻，有一些非冷冻类的产品不需要用专业的冷藏送货车，普通车辆也可以。这次送货又有很多散户，送货量少，小车就可以了。所以，你看能不能征用一下咱公司高管的车，牺牲一下大家的休息时间？”

于是，闫鸿志一声令下：即日起，公司所有车辆，无论大小全部调用配送产品，全力以赴完成节前配送，绝不能失信于任何一个客户。

全部车辆！全部高管！无论男女全部去送货，无论多好的车全部去送货，包括闫鸿志自己那辆新买的奔驰车。于是，闫鸿志带头，公司上下都行动起来，大大小小的车辆，后备箱里无一例外地塞满了产品，一车一车马不停蹄地送往各个商场、超市，送完一趟又一趟。全公司都在没日没夜地加班，每天送货都要送到夜里两三点。在那之前不久，闫鸿志的腰刚刚扭伤了，还没恢复好，但是他不管这些，50斤重的箱子，一只手一个，拎起来就走！

年关的焦虑虽然还在，如此大的配送压力也在，但并没有人乱了阵脚，因为他们的老大正跟他们战斗在第一线。大家斗志昂扬，心里都憋着一股劲儿，拼了！众志成城之下，易盛玖终于圆满完成了配送任务，员工们按时放假，开开心心地回家过年了。

“易盛玖老板亲自开着奔驰车送货”这件事也很快流传开来，金路易的老板黄总也听说了。黄总非常感动，亲自找到闫鸿志，拍着他的肩膀，说：“闫老弟，太感谢你了！没想到你们把所有的车都动员起来了，还听说你都开着你的奔驰车送货了。”

闫鸿志说：“这也没什么，必须得这样，不然我们的配送能力一时间确实满足不了需求，不能因为我们的原因耽误你们的产品销售。你们做了这么多年的产品和品牌，其中的艰辛我很能理解，你跟我合作是信任我，我若是给你耽误了事儿，那就太不像话了！”

如果你以为易盛玖和金路易的合作自此一帆风顺，那就错了。恰恰相反，和金路易合作的前两年，易盛玖赔了300万元！问题出在合同上，由于合同的不合理，导致易盛玖经销的金路易产品进驻物美后根本不可能盈利。

受合同之害的不仅仅是易盛玖一家，同期和金路易合作的其他公司也都赔进去了不少钱，半年以后，这些公司都与金路易解约或毁约了。即使在这样的情况下，易盛玖却一直在坚持着与金路易和物美的合同，不论赔了多少钱，闫鸿志从来没说过一句“退出”的话。有人佩服闫鸿志的一言九鼎，但更多的人觉得老闫真是太傻了。诚然，商业一向以利益为核心，明知道是赔钱买卖还坚持做的，不是傻是什么？可是，两年以来，闫鸿志不仅坚持履行合同，还根据自己掌握的大数据，和物美、金路易锲而不舍地沟通，最后，终于使物美、金路易同意更改了合同中的不合理条款。

众所周知，在商业合作中，更改合同条款是非常少见的，闫鸿志却做到了。他凭借的是自己手中扎扎实实的数据，从不空口说白话，一切都言之有据，对方不得不认可。更重要的是，不论物美还是金路易，都感受到了闫鸿志的用心，易盛玖上下都在全力以赴、用心经营金路易的产品，闫鸿志动用了所有的资源，包括自己亲自上阵送货等。在物美，易盛玖的贡献率也极高。正是这份用心，让易盛玖获得了物美和金路易双方的认可。直到 2014 年年底，金路易、易盛玖和物美三方的合同条款，从产品到价格体系再到超市合作条款等诸多方面都得到了彻底的调整和改善。易盛玖用了两年的时间和精力，以及损失 300 万元的代价，坚守了自己的承诺。

闫鸿志的车被征用送货，这样的事还不止一次两次。易盛玖拥有自己专门的物流公司——江鸟物流。江鸟物流刚成立的时候，送货车不多，有时候闫鸿志去江鸟物流，正好赶上公司的送货车都派出去了，客户急着要产品却没有车送，配送员就直接找到闫鸿志：“闫总，咱公司的车都发完了，我用你的车送货，行吗？”闫鸿志就只能在原地等着，等员工用完车给他送回来，他才能开车离去。

江鸟物流成立之初，配送能力有限，不得不把自己的部分货品再交给第三方物流公司去配送。突然有一天，这第三方物流“撂挑子”了。

原来，对方发现，客户的产品要先经过江鸟物流再到达自己这里，思来想去，他们觉得不如踢开江鸟物流，自己直接和客户合作。说白了，就是把江鸟物流的客户抢过来。“抢客户”的第一步就是“撂挑子”，给江鸟物流一个下马威。

不得不承认，这一招确实厉害。库房里堆积如山的产品都必须按时配送完，一刻也等不得，耽误一天，客户就要承受巨大的损失，江鸟物流的声誉也面临严重的危机。事不宜迟，闫鸿志立即召开紧急会议商讨对策。会上，他开门见山：“不管花多少钱，一定要把货品按时送到。北京的物流车辆有的是，无论我们这次花多大的代价，都要保证这一点，绝对不能含糊。答应客户的事就要做到，这是我们企业的根本。”怕大家不理解，他继续解释说：“客户并不知道我们这里发生了什么事，他们只知道交给我们的货品应该按时送达。如果我们跟客户说送不了了，让客户自己想办法，客户是没有任何办法的。对方撂挑子，我们不能撂挑子，所有的困难我们都必须自己扛过去，不能让客户凭白蒙受损失。我们只有成为客户眼中靠谱的、可信的合作伙伴，才能长久地合作下去。”

这是易盛玖一向的行事风格，丝毫没有出乎大家的意料，也没有任何人对此有异议，大家立刻开始制订方案、联系物流车辆。尽管多付出了不少成本，但江鸟物流还是经受住了这次突如其来的考验，坚守了它们对客户的承诺。

这一事件又是在年关发生的。回想起来，易盛玖一路走来，过了许许多多道坎，年关，对易盛玖来说，往往真的是道关，可易盛玖一次次地挺过来了，信守了诺言，坚守了诚信。

不仅仅是配送问题，易盛玖在对待客户的任何问题上都是如此。宁可自己加班，也不能耽误客户的事；宁可自己赔钱，也不能让客户受损失。缺失诚信的企业是没有未来的，缺失诚信的生意是做不长久的，在诚信的问题上，闫鸿志向来一诺千金，无论付出多少代价都要守住诚信的底线。

一个行业的圈子其实很小，好事传千里，坏事也能传千里，易盛玖坚守多年的诚信，换来的是行业内对它两个字的评价：靠谱。

第二节　从没差过供应商和员工一分钱

行业内对易盛玖和闫鸿志的评价是“靠谱”，不仅下游的客户是这样评价的，上游的供应商和易盛玖的员工也是这样评价的。

闫鸿志是个胸怀坦荡的人，这和他从小所受的家庭影响不无关系。闫鸿志小的时候，姥爷和他们一起住。姥爷没念过什么书，却是个讲究“一是一、二是二”的人，那时候，姥爷负责给生产队的养猪场喂猪，姥爷喂的猪是长得最肥最壮的，因为他从不“偷工减料”。

闫鸿志的父亲是个刚正不阿的人，非常讲究原则，最看不惯的就是官场上送礼、“走后门”那一套。父亲是一个普通的中学校长，他完全靠着自己出色的教学水平和工作能力说话，十分受人敬仰。闫鸿志的母亲又是个极细腻善良的人，在村子里人缘极好，一辈子没跟别人红过脸。

在这样一个家庭的影响下，闫鸿志和他的兄弟姐妹小时候甚至连邻居家树上的果子都没偷摘过。

在呼和浩特当会计的那段日子，闫鸿志账目记得非常清楚，毫不夸张地说，就是一分一厘都不会差。但是，后来离开呼和浩特到北京发展分公司后，才刚两个月，就接到了老经理的电话：“鸿志啊，快回来一趟！”

“王叔，怎么了？出什么事儿这么着急？”闫鸿志亲切地称他的老经理为“王叔”。

“有十万元的账目对不上了，新来的接替你的会计找不着这钱了！”十万元在20世纪90年代末可不是个小数目，难怪王叔会那么着急。

“别急王叔，不可能找不到，我的账目一分钱都不会差的，我这就回去，你别急！”闫鸿志非常自信，自己记账十分仔细、清晰，凭空出来十万元的空缺是绝对不可能的。

随身带上当时离开呼和浩特时最后清理账目整理出来的两页信纸，闫鸿志忙不迭地坐火车返回了呼和浩特。一回去，闫鸿志二话不说叫来新会计，一口水都来不及喝，就跟会计一起做核算。果然，在闫鸿志的帮忙下，账目很快就平了，没有任何差错。

创建易盛玖之后也是如此。闫鸿志说，这么多年，易盛玖从没差过别人一分钱，不论是合作伙伴还是员工。这在行业内是有口皆碑的。

易盛玖的员工分两类：正式员工和各大卖场里的临时促销员。临时促销员由于自身流动性非常大，他们的工资很多时候是没有保障的，缺点少点非常普遍，大多时候他们自己也就无奈地认栽了。但是，在易盛玖当临时促销员从来不用担心公司不给钱，易盛玖设立了专职人员负责考勤和计算临时促销员的薪酬，并上报行政总监，并且还有财务总监来统一把控资金的去向，多环节控制，层层监督，一天的工资也不会拖欠。这样的规范恐怕连很多国企都达不到，但易盛玖做到了。作为一个初创公司，资金遇到困难在所难免，有人建议过闫鸿志，“这几天资金紧张，工资缓个三五天没关系”，闫鸿志坚决拒绝，或许有人正等着这钱给孩子读书、给老人治病，工资是大家用来生存的，一天也不能拖。

员工其实是最简单的人，也是最懂得感恩的人，公司对他们的好他们会一直记得。有好多曾经在易盛玖工作过的业务员，离开易盛玖之后还会给闫鸿志打电话推荐业务。闫鸿志的手机号已经用了快 20 年了，一直没换，所以从来不用担心别人找不到他，即便是几年都不联系的朋友，也能一个电话找到他。闫鸿志开玩笑说："我从来没欠过任何人钱，所以我不用换号，也不怕别人找我要账。"

对员工如此，对客户亦如此。一旦与易盛玖开始合作的客户，几乎没有主动要求终止的。易盛玖的"店中柜"实行的是承包制，最初开始推广的时候，承包的人很少，可几年下来，许多人抢着要承包，原因无非有二：一来易盛玖是一只潜力股，走势越来越好，能赚到钱；二来易盛玖按时结账，从不拖欠。和易盛玖合作过的客户，只有易盛玖吃亏的可能，没有客户吃亏的可能。曾经发生这样一件事：

某生产肉丸的大企业要与易盛玖合作，这个企业计划将他们在天津的经销商切掉，然后将天津地区的经营改签给易盛玖。刚开始一切都进行得很顺利，超市也开始按流程扣下易盛玖 19 万元的货款。没想到这时候，被切掉的那个天津供应商不干了，跑到总部闹了起来，最后和易盛玖的合作也就不了了之。可恶的是，当时负责和易盛玖合作谈判的经理看到捅了娄子，竟然跑路了。易盛玖就这样白白损失了 19 万元。

这次教训之后，闫鸿志跟员工开会说："这样的企业，以后我们永远都不会再与它合作。但是，更重要的是，大家要明白，我们易盛玖绝不能成为这样的企业。我们的合作伙伴都不是傻子，合作是要互利互惠的，讲信用非常重要，我们只要有一次不讲信用让对方吃了亏，人家就会永远记在心里，再也不会信任我们，我们的生意只会越来越不好做。”果然，这个企业后来的经营情况一年比一年差。

无论市场如何恶劣，无论合作伙伴是否信守承诺，易盛玖始终坚守诚信。有位熟悉闫鸿志的合作伙伴曾经对别人说：“老闫一句话绝对没问题，就算不签合同也不用担心老闫赖账！” 只要跟闫鸿志打过几次交道，很少会有人对闫鸿志的承诺产生怀疑。其实不止闫鸿志，在他的影响下，易盛玖渐渐形成了制度，无论是管理人员还是运营人员，只要答应了别人，不管是备忘录还是协议，就要去兑现，兑现流程里甚至不需要去向闫鸿志请示。

这样的制度习惯形成之后，行业内对整个易盛玖的口碑都树立起来了，大家发现，易盛玖的人都是讲信用、说话算话的，业务员也好，管理者也好，都是可信赖的，可以放心合作，不用担心他们无理取闹。反过来，所谓“坏事传千里”，易盛玖和哪个企业合作吃了亏，行业内也都会迅速知道，“这家公司不靠谱，老闫都吃亏了，我们不要和他合作”。易盛玖这一家公司，多多少少也影响了这个行业风气的改善。

企业的经营需要“慢慢来”，慢慢地积累人脉、口碑，慢慢地打造市场、形象。市场在一定程度上是最公平的，一个诚实可靠的企业，它的好口碑也会迅速传播出去，正如闫鸿志所说：“这个圈子就这么大，大家对你的评价如何，圈子里的其他人很快就会知道。”一个有“黑历史”的企业，谁都不会放心踏实地与之合作。一个缺失诚信的企业是没有前途的，以言而无信为代价换来的暂时利益无异于饮鸩止渴。市场最终会向良性发展，能长久存活下来的企业必定是有担当、有道德的企业。每每看到那些因不守信而失败的企业，闫鸿志都将其当成一面镜子，警示自己在经营发展的道路上尽量避免走上同样的道路。

“别人骗我点钱，我顶多栽个小跟头，但如果我去骗别人的钱，以后一定会栽大跟头。”闫鸿志如是说。

第三节　给儿子做个榜样

转眼间，易盛玖已经成立十多个年头了，这十几年来，易盛玖从来没有出现过任何支付问题，没欠过别人一分钱，宁可自己吃亏也不失信于人。

问起闫鸿志为什么要这样坚守承诺。闫鸿志笑了笑，说道："如果我不守承诺欠钱不还，整天都有好多人追着我讨债，让我的儿子看到了，他会怎么想？我的尊严何在？不管怎样，我都得给自己的儿子做个好榜样吧？再说了，这本来也是一个企业应该做的，一个人应该做的，没有理由，本来就应该。"

闫鸿志的儿子，是个特别阳光、乐于助人的大男孩，曾被多次评为"潞河中学美德少年"。在学校里，他多才多艺，是校乐团弦乐声部部长，是学校电视台的导演、摄像兼后期制作。他擅长拉二胡，在省市、全国乃至国际比赛中都获过奖。在课余时间，他是图书城的志愿者。开家长会的时候，他是老师着重表扬的对象。汶川地震的时候，他才上小学，却主动从自己的压岁钱里取出了整整1000元，用稚嫩的小手交给父亲，请父亲一定要替自己捐给灾区的小朋友。

从初中一年级的时候开始，他就义务给全班同学摆放自行车，所有的自行车都要摆成一条直线，整整齐齐。每天如此，这一坚持，就坚持了整个初中三年。对一个十几岁的孩子来说，着实难能可贵。

家里的音响，全都被他搬到了学校，闫鸿志问起来，孩子说："班里的音响效果没咱家的好，我就搬去捐给班里了，还能给班里节省一笔开支。"

对于孩子的助人为乐和兴趣爱好，闫鸿志夫妇一直非常支持。孩子从小对摄影摄像、计算机等感兴趣，闫鸿志就给他买了全套的器材。

读高一之后，有一段时间闫鸿志发现，孩子经常夜里忙到很晚。高一的孩子就这么忙吗？闫鸿志有些好奇，就问儿子在忙些什么。

"我在给我们学校电视台编辑一些资料呢。"

"哦？你进了学校电视台？你在电视台担任什么职务呢？"

"我是摄像助理，爸。"

"哦，摄像助理是做什么的？"

孩子摸了摸头，特别不好意思地说："现在也没干什么，主要就是帮大家扛一扛机器。"

闫鸿志赶紧鼓励道："挺好、挺好！好好做，爸爸支持你！"

孩子开心地点点头。

两个月不到，孩子就从摄像助理变成了电视台的主创人员。由他导演且参演的作品荣获北京市教育委员会颁发的第三十三届北京学生科技节——北京青少年未来工程师博览与竞赛创意微拍一等奖。

闫鸿志和妻子非常重视孩子的教育，从小就教孩子要学会包容、协助、团结，要替别人着想。孩子练二胡练到深夜，会自觉地给二胡装上弱音器，关上房门悄悄地在自己房间里练，免得打扰爸妈休息。闫鸿志工作很忙，但是一有时间，他就会跟儿子聊聊天。他告诉儿子，

“你们这一代大都是独生子女，但你只有学会包容，将来才能在社会上立足”；他告诉儿子，“帮助别人是一件很快乐的事，能帮助别人的时候就力所能及地去做，自己也会得到很多快乐”；他告诉儿子，“答应别人的事一定要说到做到，要珍惜别人对你的信任”……

闫鸿志很爱自己的孩子，他给儿子提供好的家庭条件、幸福的家庭氛围，更重要的是，他以身作则给儿子做好榜样。这并非刻意而为之，这是闫鸿志自己的做人态度，在生活中如是，在工作中亦如是，在家庭中坚守，在公司里亦坚守。

人无信不立，家无信必衰，国无信必危。任何人或公司，失信于人，必无援手。做一个说话算数的人，一个顶天立地的人，小到给自己的儿子做个榜样、给公司的员工做个榜样，大到给行业树立一个标杆。

第四章

不求别人有多好，但求把自己内功练好

第一节　易盛玖的好学之风

易盛玖是个好学上进的公司，从闫鸿志到管理人员再到一线销售员，都很爱学习善钻研。

1. 老板读过 EMBA，还给 MBA 学员讲过课

闫鸿志读书的时候是个学霸，工作之后也没放下学习。1997 年，电脑刚刚传入国内的时候，闫鸿志就开始自学，练盲打、学用办公软件，甚至还懂一点编程。

还在草原兴发的时候，公司也经常安排管理人员去学习进修，学习地点多在北京。闫鸿志近水楼台先得月，参加了不少进修班，先后去北京大学、清华大学、中国人民大学等名校听过课。后来，闫鸿志直接去对外经济贸易大学读了两年 EMBA（高级管理人员工商管理硕

士）。不仅当学生，闫鸿志还当老师，他曾在中国农业大学办的MBA（工商管理硕士）班里给企业家讲过一年的课。讲课，对闫鸿志来说也是一个很好的学习与提高的过程。

闫鸿志读书、听课不是为了包装自己、给自己镀金，他是真的想学东西。同样，给别人讲课他也非常认真地对待。他坚持不用别人的讲义、书进行二次加工来“炒冷饭”，他讲的全是多年来自己在品牌战略管理方面的经验。为了讲好课，他还看了很多书，专门去研究品牌战略问题，将自己的经验之谈上升到理论的高度。那时讲课的讲义至今还被闫鸿志完好地保留着。

易盛玖成立之后，闫鸿志就不再接受别人的邀请去讲课了，原因很简单：易盛玖才刚刚起步，自己的品牌还没有做好，怎么能去给别人讲品牌战略呢？

2. 财务总监是注册会计师

易盛玖的财务总监周显山，大专毕业就到草原兴发做财务工作。得益于闫鸿志人性化的管理方式，员工的自由度较高，财务部虽然不大，却没有各自分工、独立工作，而是实行轮岗，这样就方便了大家相互学习、相互提升，在财务部，每个人进步都很快。

周显山不是个安于现状的人，再加上受整个公司学习氛围的影响，他很快就考了个会计师中级职称。

仅仅一个会计师中级职称当然不够，周显山又报名读了全脱产的研究生。员工进修是好事，闫鸿志知道后，不仅没有阻拦，反而十分支持：“去吧，这个职位我仍然给你留着，该上课的时候你尽管去上课。”

周显山也很争气，读书、工作两不耽误，两年后研究生顺利毕业。

所谓学无止境，考取研究生学历后，周显山还不满足，他又利用下班时间自学，考取了注册会计师。

说起来，他非常感谢公司的氛围："只要不耽误工作，其他的都可以自己安排，闫总非常支持我们学习，给大家提供了很宽松的环境。"

好帅带好兵，受周显山和整个易盛玖学习氛围的影响，财务部的好学之风尤其明显。拿两个财务经理张凤双和崔晓丽来说吧，两人最初加入团队都不是从事财务工作的，而是做促销员，后来转岗做起了财务。财务工作专业性较强，时常会有新的法律法规出台，财务人员必须随时关注学习，按最新的规定执行。所以，工作之余，他们十分努力地自学财务知识，早就可以独当一面了。崔晓丽说："我们闫总还给公司专门建了一个图书室，让大家有时间就多去读书。"比起其他岗位，财务工作相对要无趣些，财务人员平时也没有那么多话，但被问起工作打算，张凤双很肯定地说："公司和闫总给了我们这样好的学习和发展的平台，我们必须踏踏实实地把本职工作做好，这是应该的。"

3. 行政总监是个技术牛人

行政总监曹刚平时话不多，却是个特别爱钻研的人。

2003 年左右，曹刚开始从事行政工作，最基本的工作就是核算大家的工资。计算员工的工资和做财务报表是非常烦琐的事，每个人的情况都不同，工龄、提成等每个月都会变化，如果单靠人工统计，根本忙不过来。那时公司并没有专业的数据分析软件，曹刚只能自己想办法。

很快，他发现Excel（微软公司的办公软件）表格的功能其实非常强大，完全可以满足自己的需求。于是，他一有时间就到专业的Excel论坛去学习，一边学习一边探索。遇到不会的问题，曹刚就去论坛发帖请教，或者去已有的帖子里搜索答案。论坛里高手多，他的问题基本都能解决。慢慢地，函数、编程以及很多其他的技巧，曹刚都学会了，他也逐渐成了一个数据高手。闫鸿志这样形容他：“我的每一个想法，他都能替我实现。”

数据分析统计技术给曹刚的工作带来了极大的便利，也让同事们见识到数据分析的神奇之处，有些大家要忙半天的统计、计算工作，交给曹刚只要几分钟就做好了。所有人的工资都可以自动生成，既快速又准确，连各店、个人的销售分析都可以看得一清二楚。

这个过程说起来容易，事实上是曹刚花了七八年时间才做到的。在这七八年里，除了工作他几乎时时刻刻都泡在论坛里。有时候半夜三点多醒了睡不着了，就起来泡论坛。并没有人强迫或命令曹刚这样做，销售分析这类工作也不是他的职责所在，他就是觉得，自己能帮到大家，为什么不做呢？在同事眼里，曹刚没有别的兴趣爱好，除了工作就是学习，除了学习就是工作。

不仅是软件、数据，公司的电脑网络工作曹刚也主动承担起来，他学网络、学布线，有问题就去网上找答案，公司全部办公室的网络都由他带着自己部门的员工完成了。

曹刚说：“易盛玖是个学习型公司，从闫总到普通员工都爱学习。闫总鼓励大家学习，也支持大家学习。我们行政部、财务部的员工都不是学计算机专业的，可工作需要的我们都会去学，没有一个不会的。”

4. 公司提供的诸多培训

易盛玖好学的员工实在是不少，比如江鸟物流副总经理高凤山，只读了初中，却精通整套财务体系、管理体系及其软件，还写得一手好字；而江鸟物流的总经理冯海山的字，也同样写得十分漂亮。本职工作之外，易盛玖还给员工提供了很多培训的机会。

每周一早晨，易盛玖都要开全体员工会议，除了布置公司的工作外，还会分享各自的故事、激发正能量以及进行一些互动娱乐节目，让大家以饱满的劲头投入一周的工作中。

周五下午或周六，公司还会组织内部培训，有时是闫鸿志给大家分享讲课，有时是闫鸿志给大家播放一些学习视频，大家一起学习提升，解决工作中的诸多问题，避免各部门因沟通不畅产生问题，避免各部门相互推诿。长期培训使得易盛玖各部门配合非常默契，相互之间都是本着服务的态度来合作。

此外，闫鸿志还不惜成本组织公司管理人员参加外部学习培训。让员工们印象最深刻的是那次参加思八达培训。那段时间市场不景气，销售平淡，团队士气有些低迷，闫鸿志就带着全部管理层和业务员去参加了思八达培训。早起军训、做拓展、走篝火、比赛等，培训那三天，大家像战友一样奋斗在一起，喊得嗓子都哑了，每个人为了自己的团队全力以赴向前冲，所有人都只有一个目标——完成任务拿第一。最后项目结束时，大家把闫鸿志托了起来，很多人忍不住哭了。

培训使整个团队重新焕发出活力，大家的干劲被激发了出来。回到公司后，大家也组成了几个战队，飞鹰队、猛虎队、战神队、苍狼队等，奋力冲刺销售业绩，当月的销售额发生了质的变化，所有战队都100%完成任务，销售额提升了30%。

猛虎队的队长王立新回忆说：“那时候大家为了冲业绩、争第一，全都没日没夜地去工作，早上很早就出门，晚上很晚才休息，到了月底那天，为了冲销量，经常是到了夜里11点58分了还在打单子，没有人退缩，也没有人抱怨，大家的潜能全部被激发出来了。”在培训结束后团队比赛的那四个月里，王立新的猛虎队有三个月都取得了销售冠军。王立新说，那是他最难忘的一段日子，他和其他团队的同事们在生活中是很好的兄弟，在工作上你追我赶向前拼搏，都是满满的正能量。

经常进行的各种培训让易盛玖人的心真正聚到一起，整个团队拥有共同的信念，敢于直面自己和挑战自己，大家拧成一股绳，充满自信地上路，不断地实现突破，不断地成长。现在，大部分高管都能独当一面，真正实现了自我超越。

时代的变化永不停歇，人只有不断学习，才能跟上时代的潮流，这也是闫鸿志给团队进行各种培训的初衷。一个百年企业一定是一个与时俱进的企业，一个能幸福生活的人也一定是一个不曾被时代淘汰的人，为了他的百年企业梦，也为了易盛玖所有人的未来，学习是他给大家最好的福利。

第二节　超精细数据化管理

平心而论，易盛玖团队的学历，整体上并不算高，可凭着弥漫全公司的那种好学之风，易盛玖的团队素质丝毫不差，这首先体现在易盛玖科学、精细的数据化管理上。

闫鸿志一直主张管理要向精细化发展。他自己是对新鲜事物很感兴趣的，1997 年他就开始自学电脑了。当时，首先要学的就是盲打。他并不觉得练打字是件枯燥无味的事情，正相反，那时有一些用来练打字的小游戏，闫鸿志用这样的游戏来练打字，一练就是大半天，不到两周，盲打就过关了。学完打字就开始学 Excel 等基础的办公软件和管理软件，很快就成了公司里的“电脑通”。草原兴发是个大企业，那时电脑刚传入中国不久，还十分稀少和昂贵，但闫鸿志这时就开始使用电脑办公了。闫鸿志基础好，上手自然快，他是第一个去总公司开会时用电脑汇报工作的草原兴发人。

对电脑的兴趣和熟练，为闫鸿志以后的精细化管理奠定了基础。闫鸿志一直是公司里的电脑高手，但后来，易盛玖有了比闫鸿志还专业的高手——曹刚。

曹刚本是易盛玖的一名业务员，但他天性爱钻研，后来就被调到行政财务部门。计算员工的工资和做财务报表是件非常烦琐的事，曹刚就开始借助电脑软件帮自己减少工作量，最开始也并不熟练，但他爱学习，有不懂的就去网上专业论坛里学习，经过日复一日的钻研，他成了数据高手。如今，他已经可以把公司所有的数据都掌握起来，每天、每件产品、每个人的数据，他都可以随时调出。几十万个数据、无数张表格，曹刚都可以让它们随时产生联系。

随着电脑技术的不断发展，再加上数据牛人、得力助手曹刚的努力，易盛玖如今已经将超精细的数据化管理应用于日常管理中。

1. 大数据管理分析

数据，是企业生产、经营、战略等几乎所有的经营活动所依赖的、不可或缺的信息。数据犹如企业经营者的眼睛，犹如舵手依赖导航一样，通过数据可以反映出经营的问题。大数据管理是易盛玖的一大特色，目前易盛玖的数据管理已经达到十分先进和详尽的程度，从财务管理、销售分析、人事行政到仓储管理等，无一不实现了数据化。曹刚掌握着公司所有的数据，可以随时调出来进行分析和查看。

易盛玖每年都要产生上亿个数据，通过这些数据，可以轻而易举地掌握公司上下几乎全部的情况。大到某一年的销售额和经营情况、某个单店的整体经营状况，小到每一天的销售数据和数据分析、每一个单品的销售情况和采购情况、每一个业务员某天的业绩进度、某个促销员的任务完成情况、与去年同期的种种对比，等等，都可以通过大数据十分精确地记录和分析出来。甚至连某个门店是哪个月开业的、负责人是谁，某个订单因为什么原因出现了什么问题，单品情况，客户情况，等等，想按时间查看就按时间查看，想按地理范围查看就按地理范围查看，想按负责人查看就按负责人查看，所有的一切都可以清清楚楚地知道。

闫鸿志不无赞叹地说："曹刚是高手中的高手，我的每一个想法，他都可以帮我实现。我可以随便调出任何一个数据，只要跟他说一声，他都能做得到。"

大数据为易盛玖的管理带来了极大的便利。数据不会作假，它能真实、详细地记录下某一时间内某一事件的情况，通过数据化精细管理，公司出现任何问题几乎都能从数据库里看到问题的来龙去脉并找出原因。有了客观的数据作支撑，企业管理者就可以做出更准确的判断和决定。"比如，有人向我汇报了一件事，我不会马上去追责或调查，而是会去查看数据，通过数据发现真相，通过数据看清前因后果，然后再决定怎么做。"闫鸿志说，"对我来说，公司的管理，首先是数据管理，然后才是行为管理。"

大数据还能为易盛玖提前做出销售计划。易盛玖每年的销售计划都是提前制订的，每年年底，通过分析总结本年度的销售情况和其他情况，都可以详细制订出下一年度销售计划，包括每个月的销售计划、每个人的销售计划、每件单品的销售计划。

2014 年新任命的公司总经理乔志雷说："现在我们开会也经常是以数据为支撑的，相关数据通过投影展示，根据投影进行总结、分析和预估。"

2.GPS 定位管理

2013 年，易盛玖开始使用外勤 365 管理软件，所有员工都通过这一软件进行签到、签退。签到的同时，软件会自动识别签到者所在的地理位置。如果没有签到或者迟到，软件会自动通报“某某早晨未签到”。

此外，由于易盛玖是商贸公司，业务员在员工中占据相当的比例。跑业务需要外出进行客户拜访，但业务员到底是真的在拜访客户还是找了个地方坐坐喝咖啡呢？这时，GPS（全球定位系统）定位管理就派上了用场，每个人在某个时间点处在什么地方，通过软件都可以实时检测到。不仅仅是业务员，连财务等内勤人员的地理位置也会检测到。什么时间应该在什么地方，易盛玖都有明确规定。在工作时间，每个人的行动轨迹都会被监控，在哪里、停留了多长时间、做了什么，都一目了然。即使是送货车辆，走了哪条路线、在什么地方停了多久，都可以看到。谁没签到，谁没签退，谁没在相应时间内处于规定位置，业务拜访点有几个，哪些出了问题等，而且每去一个地点都要用手机拍照上传，每天都有专人进行汇总公示。通过这样的管理，员工的工作行为，公司可以全部及时掌握。

如此严格的管理，看似有些“不人性”，但其实并不然。这个软件只监控上班时间，所有休息时间都会自动屏蔽。只要认真工作的业务人员，其实并不会惧怕监控。对易盛玖这样的公司来说，硬性管理是十分必要的，再加上软性的绩效奖金制度，才能充分调动业务员的积极性。

3.“双 ABC 工作法”

“双 ABC 工作法”其实是闫鸿志在草原兴发时向公司提出的管理建议。

当时，草原兴发作为全国性的大型上市公司，其数据非常庞大，同时拥有上千个单品和成千上万个客户，又有十几个城市的分公司，这些数据每时每刻都在变化，靠单项梳理十分麻烦。

于是，闫鸿志向总部提出了“双 ABC 工作法”。所谓“双 ABC 工作法”，就是把所有客户和所有商品的各项指标分成 ABC，同时将客户和商品做成横纵两个维度进行管理。横轴的 ABC 项代表客户的 ABC，纵轴的 ABC 项代表商品的 ABC，通过这两个维度，就可以清晰直观地看出某客户的某产品在人员投放、费用管理、促销管理等多方面的不同情况。

“双 ABC 工作法”先在北京分公司进行试运行，经试验，“双 ABC 工作法”确实可以快速、有效地进行数据管理，随后，此工作法在草原兴发全国各地分公司进行推广。

现在，“双 ABC 工作法”早已被大家熟练使用，是易盛玖的一项基础管理分析方法。

通过数据化管理，易盛玖的管理人员可以精确、及时地掌握相关的工作情况，可以清晰地知道易盛玖的每一件产品的销售和走向，与每一个客户的合作进展，甚至每一辆车的费用和路线，方便及时进行分析和管理，将责任细化到个人身上。几乎绝大部分的管理要素、模块和结果都可以进行数字化设计和管理。通过数据化管理，企业决策更加客观、分析更加精确、管理更加有效，真正达到了事半功倍的效果。

第三节 链条式管理

易盛玖不仅有精细的数据管理，而且有完善的闭环管理链，除了闫鸿志以外的公司所有人，包括高管、前台、后勤仓储，都在这个管理链条之内。

每天，在易盛玖即时发生了什么事，都会被登记，这叫作前沿制。一般来讲，销售人员做“前沿工作”，财务人员负责算“后账”，配送人员则负责“现实账”，通过销售人员的前沿工作，将后面的环节带动起来。业务员跑订单、开发客户叫作“率前沿”，配送工作是即时工作，即时发生即时登记，财务人员来回炉，把所有数据汇总。形象地说，销售人员是车头，仓储是车身，财务是车尾；业务是昨天，配送是今天，财务是明天。

易盛玖链条的开始可以从接订单算起。每天早上 8 点半，易盛玖人一天的工作就开始了，此时，开票室开始接订单。这些订单来自一线的易盛玖业务员们，业务员将自己从客户那里收来的订单发到开票室，由开票室的销售经理进行价格审核，只有价格在公司规定范围内的订单才会通过审核。开票室全天都在审单，直到下午6点钟。此时距离下班还有半小时，这半小时是对单时间，开票室要将所有的订单再重新核对一遍。审核通过后的订单进入下一流程——大库。大库会根据订单需要的产品数量进行库存确认，如果库存足够，则审核通过；如果库存不足，一方面，大库会反馈给前台，由前台通知业务员“××产品库存不足”；另一方面，大库会通知采购部加大订单采货。大库从下午6点半开始确认库存，直到晚上7点半审核完毕，开始备货。与此同时，订单进入下一流程——配送科。配送科开始分拣、打印票据、开检疫票等，直至晚上10点钟，票据整理完毕。这时，大库的工作人员仍在备货、分拣货品，到夜里1点钟，才能全部备货完毕。1点钟以后，进入装车时间，根据配送地点的不同，装车时间也各不相同，从1点钟到5点钟不等，配送科车辆到达后，大库工作人员根据整理好的单子将分拣出的货品一一装车，装车过程中还有专人再次核对避免出错。配送车牌号码、路线、押车人员都有明确的记录，可以随时跟踪。到清晨6点钟，北京城大部分人还在睡梦中时，易盛玖的配送车已经全部出库送货了。伴着清晨的阳光，大库里已经忙了一整夜的工作人员开始调整剩下的库位。配送的车辆带着单子和货品给客户交货，并带着客户的货款或回单回到公司，交给收账人员，由收账人员进行核对，并由大库再次进行确认，大库确认没有问题后，回单才会进入财务部。如果客户已经结账，则现金缴给出纳；如果只是回单没有结账，就由业务人员在规定时间内负责与客户结账。最终结账完毕，取回支票，整个流程结束。

在这样的流程里，每个部门、每个员工都是易盛玖正常运转里不可或缺的一环，整个易盛玖形成了一个完整的闭环，这就是所谓的链条式管理。所有人都处于这个链条上，一环扣一环，任何一环出现问题都会及时被发现，每一个环节都是前面一个环节的订正，整个流程清晰、负责人明确。

这个完整的链条并非一朝一夕形成的，而是在日复一日的工作中汲取经验、逐步完善的，每一环节都有其不可替代的作用。如果开票室没有价格审核，那么公司可能就会出现赔钱的订单；如果大库不确认库存，就可能出现货品不够、不能及时交付的情况；等等。这样成熟的管理是易盛玖在长期运营中自然形成的，不需要强制，每个人就会自觉遵守和维护这个链条，保证链条一直运转下去。

在整个链条中，所有环节环环相扣，但又相互沟通。为了方便易盛玖人的沟通，易盛玖有一个专门的沟通交流群，所有信息都在群内公示，包括开票室价格审核不通过的订单、业务员出现问题的客户等，这样一来，所有人都可以在第一时间了解到各环节的情况。拿采购来讲，采购部每天都要确认库存是否在合理范围内，某样货品数量少于合理范围时，采购员就要与销售部负责人沟通是否需要补货及补货数量，同时还要与大库沟通，确认收货单和验货标准，由大库负责收货。各部门之间相互配合、相互监督，周而复始，每天循环。

除此之外，为了避免权力被滥用，在易盛玖，每个人行使自己管理范围内的权力，都必须经过其上级的同意。每个人都可以签署自己下级的权力范围内的事项，却无权签署自己管理范围内的权力事项。总经理有权开票，但是必须经过董事长的同意才能开，而不是自己想开就开，这样又形成了权力的制约链条，环环紧扣，避免了掌权者滥用自己手中的权力，以权谋私。

当然，分工太细也有负面作用，链条过长时，一旦某一岗位上的员工缺席，可能就会导致整个链条出现问题。在实际工作中，这样的情况又是不可避免的。为此，易盛玖给所有部门都配备了副手，即原岗位人员缺席时，有“替补人员”代替承担其职责，这在易盛玖被称为“储备机制”。

完善的链条式管理和严格的程序化流程，有力地保证了易盛玖的自运转，各项工作有条不紊地进行，出现问题可以及时修正，不会一环接一环错下去。链条上的所有人都没有特权，从销售订单开始产生起，其后所有参与的部门都只是执行部门，只有执行权而没有决策权，小到配送司机，其配送路线也是既定的，自己无权更改。这样一来，就避免了员工因为主观判断和个人情绪而造成的工作中有意或无意的失误，避免了员工之间因钩心斗角而影响工作，也避免了因为人情而带来的各种借贷、赊账问题，真正意义上提高了管理的规范化程度和专业水平，堵住了公司可能出现的管理漏洞。

第四节　首问责任制

超精细数据化管理和链条式管理保障了易盛玖管理的科学性和有效性，但仅仅如此显然还不够。管理说到底是在管人，提高人的主动性和责任感才能提升管理的有效性。这就不得不说到易盛玖的另一大特色：首问责任制。

首问责任制分为对内、对外两个方面。

对内主要是指管理层面上的倒追制，即出现问题后，首先被问责的是负责这项工作的最高责任人，再由最高责任人向下层层追责，直到追究到直接负责人为止。例如，总经理乔志霞曾签过这样一张罚单：公司有名员工因家事请假，就将自己的工作交托给另一名员工，但接手的员工因为手头的事情忙碌，当时并没有答应接手。由于家事紧急，这名员工就急匆匆回家了，这一走，工作就出了岔子。随后，公司直接问责到他们的最高负责人曹刚，曹刚调查清楚后上报公司，事情的最终结果是曹刚、曹刚的下属以及这两名员工都受到了惩罚。看上去两位领导似乎有些冤枉，但这就是首问责任制的重点，领导要对员工负责，既然批准了员工的假，就应该将员工请假这件事负责到底，工作交接也属于其中的一部分，交接出现纰漏，领导当然负有责任。

领导对员工负责，这是首问责任制的精髓之一，也是解决易盛玖内部问题的一个很好的方法。员工在工作中总会遇到问题，当员工选择找领导寻求帮助时，一定是员工感到自己无法解决这一问题了。此时，如果领导推说“我不知道，你去找 ×××”，必然会打消员工的积极性，尤其对新入职的员工和最基层的员工来说更是如此。员工向领导开口，本来就不是件容易的事，领导若再推托，员工可能就此放弃了。因此，易盛玖要求领导必须对员工负责，即使解决不了员工提出的问题，也要帮助员工去寻找能解决问题的人，协助员工进行沟通，让员工感受到易盛玖内部的团结和来自领导与同事的关心，同时也能增强员工的参与感和责任感。

对外，首问责任制强调的是服务和承接，这在江鸟物流分公司体现得尤为明显。易盛玖下属的物流公司名叫江鸟物流，是 2014 年刚成立的新公司，规模不算大，经验不算多，设备不算顶级，却有许多客户慕名而来。

是什么吸引了这么多客户？是服务。江鸟物流的服务好在哪里？最典型的就是首问责任制。在江鸟物流，有这样一项特殊规定：谁接到了客户的求助和投诉电话，都不能推脱，不允许说“我不知道”，即使与自己不相干，也不能回复客户“您找 ××× 吧”。易盛玖要求员工先承接后转接，即先把事情接下来，然后进行内部沟通，由自己替客户解决问题，而不是把问题再次丢给客户，所以，客户听到的更多的答复是“您的问题我需要跟 ×× 部门沟通一下，稍后给您回复”。客户可能遇到仓储问题、财务问题，都由负责这一客户的业务员负责，尽管业务员并不是仓储部或者财务部的。易盛玖规定，15 分钟之内必须拿出解决方案，不可以让客户陷入无尽的等待，坚决避免“这是财务问题，请您给财务部打电话”这样的情况出现。这样一来，就大大减少了客户自己沟通的成本，让客户感觉到简便。

一个看似简单的规定，其实做起来非常不容易，为此，易盛玖员工可能要进行大量的协调和沟通，才能将问题处理好。对员工来说，这给他们增加了工作量，但是，对客户来说，却变得极为便利。生活中，经常会发生“遇到问题四处奔波无果，找不到负责人的情况”，这无疑是一件令人狂躁的事，在工作中更是如此。尤其对物流客户来说，江鸟物流的客户多是肉食品企业，肉食品时效性强、易变质，对物流环节的要求尤其高。一旦出现问题，如果找不到负责人，客户体验可想而知。这是物流行业的一大痛点，江鸟物流正是抓住了这一痛点，并通过首问责任制解决了这一痛点，形成了自己最大的优势。江鸟物流的不少客户都表示，之所以选择江鸟物流，就是因为“简单”，只要找到一个人，就能解决问题，而在其他公司，往往需要打无数个电话、经过相当烦琐的处理流程，“太麻烦”。客户是最重要的，一个公司所做的最大的努力说到底就是让客户满意，没有好的服务就没有回头客和重复销售。推诿、冷漠，或许能逃避一时的责任，却伤害了客户。首问责任制是江鸟物流对客户的最大诚意，客户们也真切地感受到了这份诚意。成立仅一年多，价格在行业内也并不低，但江鸟物流的客户量却不断上升，慕名而来的客户越来越多，他们选择江鸟物流就是因为省心、靠谱。

能保证首问责任制顺利施行的，是江鸟物流的岗位配置。在江鸟物流，没有一个脱产管理人员。也就是说，江鸟物流没有将军，全是前线士兵，配送经理同时也是送货员，仓储经理也可以接订单、谈客户，业务员也要负责财务结账、修车、配车等。如果司机人手不够了，那么所有会开车的都能上。既有分工又相互交叉、相互帮忙，所以他们每一个人都能够在第一时间处理客户遇到的任何问题。

对外让客户感到简单，对内让员工不感到孤单，最大程度地提升员工的积极性和责任感，这就是首问责任制的魅力所在。通过首问责任制，易盛玖员工牢牢地团结在一起，每个人都能感受到自己的价值，所有的工作岗位都有明确的责任人，所有的事件都有明确的处理者，员工发挥了自己的作用，整个团队也就蓬勃强大起来了。

第五节 做“甩手掌柜”的妙处

很多执行力强的团队，都会有一个雷厉风行的领导，“他”事事兼顾，凭一己之力带起整个团队。但易盛玖却不是这样，闫鸿志不是个喜欢亲力亲为的领导，在公司里，好多人叫他“甩手掌柜”。

在易盛玖整个运转链条里，只有一个人是不在其中的，那就是闫鸿志。除了闫鸿志之外，链条上的所有人都有自己负责的范围和职责，需要确认相关事件就要找相关的负责人签字，而整个易盛玖 95% 以上的文件、单子都不需要闫鸿志签字确认，因为实际由他负责的事情很少。一般来说，他也不会给员工规定某项工作的具体做法和流程，他只看结果不问过程。有的时候，员工会主动去征求闫鸿志的意见和寻求闫鸿志的帮助，闫鸿志一般会先问员工自己的想法，如果觉得员工的想法可以执行，那么就执行，如果有可改进之处，那么他就提点建议，不会多说一句，更不会给员工下指令。闫鸿志说：“用人不疑，疑人不用，既然用了就要让他放手去做。”闫鸿志的主要工作，就是给重要的岗位找到合适的负责人，剩下的就由负责人来做。

闫鸿志很少签字，能不签就不签。因为在易盛玖，签了字就是负责人，给员工签了字，员工就会觉得这件事有闫总把关，对闫鸿志产生依赖性。他说：“全公司上上下下这么多事，我显然是管不过来的，所以我不能签字，我不能当负责人。我只要把相关工作划分给相关人员，让他们去负责就好了。”

正是由于闫鸿志这样的“甩手掌柜”，使得“谁签字谁负责”成了易盛玖一个不成文的规定。最直接的结果就是整个公司分工明确、责任到位。谁是负责人谁就签字，谁签了字谁就要对这件事负责。易盛玖有非常详尽的责权划分，每个人都有明确的分工，各人都知道自己的权力范围，在自己的权力范围之内，就要负责签字，一旦签了字，就要对此事永久负责。比如财务上的问题，最终负责人就是财务总监，只要财务总监签字确认，就代表此事通过，不需要闫鸿志参与，闫鸿志也不会参与。日后不管是论功行赏，还是追究责任，都能一目了然。也就是说，实际上职位越高，签字就越少。只要自己的下级员工有权力对某件事签字负责，那么就不用自己再操心。

闫鸿志说：“一个企业无论大小，都要让他的团队成员有归属感。能对某件事负责，就会产生归属感，感觉到自己在这个团队的价值和地位。团队是大家的，不是我一个人的，只有人人都去努力，团队才会更好。”老板不应该干涉太多，术业有专攻，老板也不是全能的，在某些工作上可能不如员工做得好，学会用人和放权才是老板的职责所在。三国时期的刘备，其手下一个比一个忠诚，原因就在于刘备从不和手下人争面子、比能力。古人说：“士为知己者死。”对一个人来说最荣耀的事就是领导相信自己、并给自己足够的空间充分发挥自身能力，闫鸿志就是这样一个领导，善于发现人才、使用人才，不仅让这些人才为自己所用，还让他们对自己永念“知遇之恩”。

放权、少干涉、充分肯定员工，这样做最大的好处，就是大大激发了员工的积极性。在充分掌握主动权的同时，每一个积极上进的员工都会尽自己最大的能力将事情做到尽善尽美。拿江鸟物流来说，闫鸿志从不指导总经理冯海山如何去经营物流公司，他说："我帮你做了，不一定是对的，你自己想的反而可能是对的。你按自己的想法去做就行。"这样一来，每一个负责人都意识到自己身上的责任，自己的一个决定可能会关系到公司的利益甚至前途，责任感便油然而生，大家自然就会努力去做。在物流公司，最基层的员工无疑是司机、装卸工了，而这类工种的人员流动性非常大，辞职是常有的事，每当出现这种情况，闫鸿志是从来不用操心岗位空缺、人手不够，像冯海山、高凤山、韩勇、马金城这些中高层领导们自己就会想办法在第一时间将人员补齐，如果一时之间补不齐，他们就自己上，二话不说就卸货、送货。闫鸿志说："这些年来多亏了他们，他们就是我们的四梁八柱，缺砖少瓦都是小事，只要四梁八柱在那，一切就稳稳当当的。"

当然，闫鸿志会提一些指导意见，但绝不会干涉，不会要求手下人给他递交某个方案，再要求大家按方案执行。目标很明确，该怎么做是负责人自己的事，负责人想到方法也不用向闫鸿志请示，想到了就直接做。这样宽松的环境让大家没有感到束手束脚，可以放开手脚大干，充分发挥自己的能动性和潜力，最后的结果往往也好得出人意料。没有死命令，没有条条框框，没有束缚，凡事靠自己，真正将整个团队的智慧集中了起来。

"甩手掌柜"不是不作为，而是会借力。比起凡事亲力亲为的老板，"甩手掌柜"是一种更高的境界。

第五章

不是上市公司的“上市公司”

第一节　脱胎自上市公司，骨子里就是个“上市公司”

上市是许多公司的追求，是否为上市公司也是不少求职者找工作时的一大标准，“上市公司”意味着管理规范、福利待遇好、工作更稳定等。易盛玖并不是个上市公司，但其理念、管理、品质控制、福利待遇等方面，与上市公司相比却丝毫不差。

易盛玖的前身是草原兴发北京分公司。草原兴发是当时全国性的大企业，也是十分规范的上市公司。闫鸿志在草原兴发工作了十多年，对草原兴发全部流程再熟悉不过了。同样地，易盛玖的团队也都是由草原兴发时期的老员工组成的，他们对草原兴发的工作流程和规范、规则也都十分熟悉和适应。

总体来说，上市公司比非上市公司在各方面都要严格和高标准，管理更加规范、流程更加缜密、财务更加透明、产品更加优质。易盛玖创立时，其实闫鸿志可以降低这些一直以来都在用的标准，标准的降低还可以节约成本，也就相当于多获得利润；但闫鸿志并没有这么做，并不只是因为这套上市公司的标准大家已经习以为常，而是认为这套标准已经被团队所有人认同。闫鸿志希望将易盛玖做成一个百年企业，一个企业要长久地生存下去，就应该按照高标准来要求自己。

在产品品质控制方面，由于易盛玖90%以上的产品都是冷链产品，有着冷链行业的特殊要求，所以也必须具备一整套标准及完备的流程。这套流程从草原兴发时就已形成，易盛玖也沿用了下来，从采购、生产到销售，从仓储到物流，都有着十分严谨的品质控制管理，完全符合上市公司的行业要求。产品非常强调货真质优，这既关系企业品牌，也关系消费者的食品安全和生活质量。

在管理上，易盛玖沿用了草原兴发时期的人事管理系统，并且不断改进完善，采用精细的数据化管理，还配有GPS定位，在工作时间内能随时掌握每一位员工的情况。

在财务上，易盛玖也沿用了草原兴发时期一直使用的用友财务软件，十分标准和严苛，任何改动痕迹都会被保留，全部财务状况对所有管理人员公开。纳税方面更是完全按照上市公司的要求执行，从不在财务上动歪脑筋，连合理避税都不做，闫鸿志说："就算是我们食堂自己消化掉的那一部分产品，也都和公司正常的销售产品一样缴税。"规范的财务使得易盛玖在银行的信誉很高，来易盛玖考察的银行经理说："我从来没见过一个像易盛玖这样规模的民营企业，能拥有这样完备、规范的财务体系。"不避税，短期来说确实减少了公司利润，但长期来说，却对员工产生了潜移默化的正面影响。所有的管理人员、财务人员都可以踏踏实实地工作，不用为触犯法律而时刻担惊受怕。

除了财务管理制度外，易盛玖还实行透明化管理和链条式管理，几大管理制度相互配合，形成了完整的管理闭环，每一个工作环节都受到下一环节的监控，一旦出现问题能以最快的速度解决。十多年来，这些制度已经不仅仅是冷冰冰的强硬规定，而是深深嵌入每个员工的工作习惯之中，每个人都有明确的权责划分，大家自然而然地在按照制度工作着，又有各部门负责人掌控着整个制度的运行。

员工福利待遇方面，易盛玖同样沿用草原兴发时期的规定，甚至比那时更加完善。所有的法定节假日全部按照国家规定休假，遇到春节这样的重要假期，为了让员工有更多的时间享受家庭之乐，甚至比国家规定的假期还要长，这在民营商贸公司中委实不多见。“该放假就放假，该上班就好好上班，一张一弛，工作才有效率。”闫鸿志如是解释。

组织架构上，易盛玖同样沿袭了草原兴发上市公司的组织架构。易盛玖成立时，大部分人员岗位并没有变动，十多年来，虽然当初的人员设置有了较大幅度的调整，但管理机制并未改变。易盛玖完全根据公司章程规定来执行，按照上市公司的标准设立了股东会、董事会，一些重大决策都需要经过董事会、股东大会决议，不能到场参加会议的股东，则需要委托其他股东来行使权利、履行义务，总之，完全按照上市的股份公司的标准执行。

十多年来，易盛玖一直坚持用上市公司的标准来规范自己的方方面面，这种规范化管理制度与她的基因有关，更与她的核心团队有关。对易盛玖来说，上市只是外壳，虽然自己暂时还没有这个外壳，但骨子里，自己一直就是个“上市公司”。以高标准来要求自己，既是对客户负责，也是对消费者负责，更是对自己的员工和股东负责，这是易盛玖企业文化的一部分，是易盛玖企业道德的一个表现。

第二节　合作超市：跟你们易盛玖合作不怕查

食品安全重如山，这是直接关系到千万人生命安全的大事。近几年，国家对食品安全的监控越发严格起来，像超市这种大型卖场，隔不久就会抽查一次，而奶粉、肉类这些更容易出问题的产品，抽查检测更是频繁。可以看出，我们国家的食品安全标准虽然还没有达到欧美国家的标准，但也是在不断进步。

抽查对百姓来说是好事，对超市来说当然就是考验了。超市里商品众多，出问题也难免。一旦出现问题，罚款自然是少不了的。所以，从超市的立场来说，它们并不希望销售粗制滥造、假冒伪劣的商品。事实上，每一样进入超市的商品，原则上都要有齐全的检测合格证书。尽管超市要求严格，但由于商品太多，也难以完全避免假货和劣质货浑水摸鱼。

跟易盛玖长期合作的各家超市都知道，易盛玖的产品没有假货，所有采购的产品，易盛玖都会让最权威的检测机构进行再次检测，这份保障不仅令易盛玖安心，也令与易盛玖合作的超市十分放心。事实摆在眼前，每次食品安全检查，易盛玖的产品合格率远高于其他同类产品，长期下来，自然取得了超市的信任。

抽查不合格，超市方是要受罚的，几轮下来，超市“吸取经验”，每当遇到国家检查的时候，超市就会把一些质量不敢确定的产品直接下架，全部换上易盛玖的产品，因为他们知道，易盛玖不怕查。不只是超市，其他厂家和经销商对国家检查更加敏感，摸清了国家检查的时间规律后，厂家也会“积极行动”，比如每到中秋节前夕，质监部门一般都会进行一次抽检，各厂商就会提前到超市更换产品，将准备好的合格产品运送到各个超市，替换掉原来台面上的可能不合格的产品。易盛玖从不更换产品，因为所有的产品都经过自己几次检测了，根本不担心质监部门的检查。

有一天，江鸟物流的总经理冯海山跟一位超市经理聊天时，超市经理说，“你们的产品我从来不过问，你们说是什么就是什么，说是羊肉就肯定是羊肉，说是牛肉就肯定是牛肉，说是一级品就肯定是一级品。我和我们内部的员工要吃肉，全都买你们的产品。”接着，经理又笑眯眯地说道：“知道前几天为什么突然加大订单吗？因为第二天食药局要来检查，我就把其他厂家的产品都撤掉了，把你们的摆上，检查就只检查你们家的，反正你们也不怕检查。”

是的，跟易盛玖合作不怕查。每一个易盛玖人都明白，高品质产品是易盛玖能长期生存的关键，易盛玖能在竞争激烈的市场环境下一步步做大做强，靠的就是品质，靠的就是用良心产品换来一个个回头客。每个易盛玖人也都是消费者，大家都明白消费者的心理，希望买到良心产品、放心产品，即使在市场最不景气、假货驱逐真货的时候。易盛玖也不是没有遇到过客户的质疑，“您可以带我们的产品去任何一个质检机构检测，只要检测出问题，所有检测费用我们付，我们也认罚，但如果没问题，还希望您帮我们宣传一下我们的产品”，他们通常都这样回应客户。易盛玖就是这样自信自己的产品质量，因为他们背后做了太多太多的努力。

回顾十几年来的市场环境，我们会发现，有许多名噪一时的产品早已销声匿迹，一个品牌的失势原因可能有很多，或许是管理不善，也可能是经营失利，还可能是产品质量不过关。

过硬的品质，虽然不能保证公司一定能蒸蒸日上，但若没有好的品质，公司就一定不能长久。易盛玖就是靠着这样的坚持，十年如一日地保持着好口碑，慢慢地积攒客户、获得认可，易盛玖的很多客户都是合作好多年的老客户，许多超市的采购人员多年来十分信任易盛玖，都愿意主动给易盛玖推荐供应商。十多年来，大浪淘沙，无数的同行兴盛又衰落了，如今在北京做肉食品商贸的仅剩寥寥几家，易盛玖却能一直坚持下来。坚持卖真货，或许会损失一时的销售额和利润，却能获得长期的口碑和认可，这才是企业能长期存活的根基。

第三节　员工：吃自己公司经营的产品放心

曾见过这样一则报道："上海多家超市销售的小麦馒头、玉米面馒头被曝系染色制成，加防腐剂防止发霉，馒头生产日期标注为进超市的日期，过期回收后重新销售，食用过多会对人体造成伤害。"

这个报道最让人震惊的是对工人们的采访，他们给记者解释为什么要修改出厂标签、为什么要用甜味素代替蔗糖、为什么要用染料和防腐剂做玉米馒头等，工人们的神情是那么坦然，毫无愧疚和不安。其中做馒头的师傅发出惊人之语："这样的馒头我是不会吃的，打死我都不会吃，饿死我都不会吃！"

近年来，这样的报道屡见不鲜。山东省潍坊市的农户在种生姜时，直接把印有"严禁用于蔬菜、瓜果"的剧毒农药神农丹和化肥一起撒在已经发芽的生姜边上。他们对神农丹的危害性都心知肚明，使用过这种剧毒农药的姜，他们自己根本不吃。

老人们有句话，叫作"卖啥吃啥不算奸诈"。自己的产品有多好，光说没用，说得再天花乱坠都不如问一句："敢自己吃吗？"如此看来，自己吃自己的产品，也可以成为一种对自己产品的检验标准。

你们公司的产品你经常吃吗？

对这个问题，每一个易盛玖的员工，都会底气十足地回答说："当然！"

不仅如此，易盛玖的员工吃牛肉、羊肉等，很少买别家经营的产品，一般只吃自己的产品，他们说："我们只吃自己的东西，不买别人家的，因为我们易盛玖的产品让人放心。"

之所以敢，正是源于员工对自己产品的了解和信心。易盛玖的产品从采购环节就开始严抓，采购的产品全部来自有保障的、专业的大品牌生产方。有时候易盛玖的采购人员甚至要在上游生产企业的生产车间里盯着，以监督产品的生产过程。采购回来的产品，还要拿到国家最权威的质检机构进行二次抽检，从而给产品质量以双重保障。易盛玖自己的员工当然了解自己产品的品质，所以他们平时吃的牛肉、羊肉、鸡肉等都是从自己公司拿货。坦白地讲，易盛玖的产品由于品质好，价格自然也稍高，属于中等偏高档次，易盛玖的员工都是最普通不过的消费者，他们从公司拿产品虽然有一定的优惠，但由于肉产品本身利润就低，所以公司给员工的优惠并不可能很大，但员工还是宁愿多花钱买自己公司的好产品，也不愿意选择市场上的廉价产品。如果一个公司连自己的产品都不敢用，对自己的产品都没有信心，不敢对自己负责，那又何谈对消费者负责？

易盛玖的员工是可爱的，虽然买自己公司的产品可以享受优惠价，但他们从不滥用这项福利，不会以优惠价大量购买公司的产品，从来都是按需购买。想吃什么东西，大家一般先在自己办公室里"团购"，和同事们你三个我两个，几个人正好凑一箱。因为一整箱产品一旦被拆开零卖给员工，如果没有全部卖出，那么剩下的就没法继续往外销售了。

有人大代表曾经提出："自己生产出来的产品自己首先第一个要吃，自己吃了放心再让上帝去吃。"对此，闫鸿志说："我经营的食品，最起码我要敢拿回家给我的孩子、我的爱人吃，这是我诚信的底线。"

做企业要有良心，做企业也要给自己积德。坚持走正路的企业，或许一两天看不出和其他企业的差别，但长久积累下去一定会有回报，企业的道路会越走越顺，企业里的员工和员工的家人也都能因之受益。如果人人都不敢吃自己的产品，人人都制假贩假，我们的社会就会被假货、毒货淹没，最终的受害者还是我们自己。

闫鸿志说，如果我们去造假，眼前是可以赚到钱，可是就会让我们的下一代觉得"原来钱是这样赚的"，这种潜移默化的影响是非常可怕的，无异于将我们的后代引入歧途。所以，我一直注重产品质量，坚守企业道德，就为给我的家族积德，给我的子孙后代积德，给我们所有的易盛玖人积德，大家都本本分分，社会才有希望。

上天是公平的，市场也是公平的，坚持做好产品的易盛玖，经受了市场的考验，也不负众望地赢得了市场的青睐，取得了骄人的成绩。

第四节 “做‘好’羊肉，谁都竞争不过易盛玖”

在与多位易盛玖员工交谈的过程中，发现他们不约而同地提到了一句话：“做‘好’羊肉，谁都竞争不过易盛玖。”

这里的“好”字，有两重意思：一是指真羊肉；二是指品质上乘的羊肉。有的羊肉里掺了羊油、鸭肉等便宜的东西，虽然也保留了羊肉的成分，但已经不是好羊肉了，还有的羊肉过期了、变质了，更不算好羊肉。

“谁都竞争不过易盛玖”，这并不是吹牛。易盛玖人不会吹牛，员工常对闫鸿志抱怨说：“闫总，你看咱们的人都不会说话，别人能把 5000 万元吹成 3 亿元，而我们 5000 万元就说是 5000 万元，多一点儿都不知道怎么说。”闫鸿志笑笑说：“这样才好。”

在北京，大大小小的食品贸易公司至少上百家，但在易盛玖主营的冷冻羊肉行业里，易盛玖绝对是数一数二的。冷冻品分生鲜和日配，目前易盛玖经营着牛羊肉、调理品、串类、分割禽等几大品类，家乐福、物美、永辉等北京的大型超市都由易盛玖供货。这么多年来，曾经在北京经营冷冻羊肉的企业至少几十家，但是经过长时间的市场淘汰，有的经营不善倒闭，有的改换产品，有的因违规被处罚，还有的始终做得不瘟不火、不成气候，最终沉淀下来的不过三四家，而这其中，最有实力的，非易盛玖莫属。

一般来说，当一个大品牌进入某个地区市场时，都会先找当地的同行业经销商，而牛羊肉这类冻品，如果想进入北京地区，首先要找的就是易盛玖。这与易盛玖多年来的口碑是分不开的。一个行业的圈子其实很小，从事同一种工作的人，不在这家公司就在那家公司，总归是在同一个圈子里。在这个圈子里，易盛玖有口皆碑，这么多年来从没差过供应商一分钱，也没有拖欠过一分钱。经过十多年的经营，人人都知道易盛玖讲诚信，在圈子里享有相当高的盛誉，大家都乐意为易盛玖做推荐。所以很多企业都是主动找上门谈合作，有的时候，谈合作的客户太多，闫鸿志和乔志霞甚至接待不过来。此外，易盛玖团队的能力也是吸引各品牌的一大因素，成熟的市场网络、强大的执行力、完善的服务，都是上游客户看重的。

其实，作为一家以商贸为主的公司，易盛玖经销的产品大多数时候并不会贴上“易盛玖”这个标签，比如蒙牛的冰淇淋、伊利的牛奶、金锣的熟食、科迪的汤圆等这些消费者常见的品牌，北京的消费者通常只知道蒙牛、伊利、金锣、科迪这些品牌本身，却不知道这些产品都是由易盛玖经销的。目前，易盛玖在北京超市的覆盖率已经达到了95%，可以说，北京城内大大小小的超市，基本上都会有易盛玖的产品，只是因为外包装没有标识，导致易盛玖并不被大家所熟知，但对超市的经理来说，易盛玖这个名字却是耳熟能详。有位销售人员说，家乐福超市的冰箱里，90% 以上的产品都是易盛玖的。

低调，却有实力，这就是易盛玖。易盛玖取得今天的行业地位，靠的是十年如一日的坚持，靠的是团队里所有人员不分昼夜的打拼。

第五节　十年财务零问题，原因在哪里

经营一家公司，总少不了融资贷款，融资就要与银行打交道。银行在审批过程中，都会对该公司的账目税收进行审计。这些年来，易盛玖也多次向银行融资，多次接受过银行的审计。被派来易盛玖审计的人不无赞叹地对闫鸿志说：“我见过这么多商贸公司、民营企业，从没见过像你们这样的，竟然把税收账目做到了分毫不差的地步。”不仅是银行审计，还包括每年的税审，多年来易盛玖从来没有出现过一分钱的财务漏洞。

合理避税对企业来说实在是太常见不过了，以至于大家都见怪不怪，不避税反而成了稀罕事。易盛玖却一直坚持做这件稀罕事。前几年，易盛玖每年都要缴纳几百万元的税款，近几年国家出台了一些免税政策，才使易盛玖减少了一部分税费支出。几百万元的税费，对易盛玖这样的民营企业来说绝对不是个小数目，有几个民营企业能像易盛玖这样做到一分不差地上缴？

易盛玖成立十多年来，哪怕从草原兴发北京分公司建立算起到如

今二十年来，闫鸿志的团队没有一个人出现过财务问题、贷款问题，原因何在？

因为易盛玖的财务管理十分严格，完全按照上市公司的标准要求自己。易盛玖脱胎于草原兴发，易盛玖成立时，闫鸿志就说过，“违法的事不能做，这是我们的底线，税收是最基本的，我们一定不能在这方面出问题，一是一、二是二”。

易盛玖甚至连合理避税都不做。多年来，易盛玖的财务人员从来没有参加过任何合理避税的培训班，没有一个人懂得财务避税，所有该缴的税全都上缴，一分钱都不避。易盛玖的财务班底也是当时草原兴发北京分公司的财务人员，草原兴发是上市公司，对财务的管理自然比一般企业严格得多。易盛玖成立后也延续了草原兴发的财务管理制度，该怎样就怎样，从不研究避税、偷税，税审从没出过纰漏。

易盛玖所使用的财务系统，是草原兴发使用的“用友”，十分规范，很难偷税漏税。包括后来使用的进销存软件，亦很难进行投机操作，这个软件具有不可更改功能，所有的操作痕迹都能保留，哪怕改一个数字，后台也能查到，这就使一切数据有据可查了。

易盛玖的财务经理周显山是个十分有原则的人，“这张发票不行，必须重新开具”，说不行就不行，没有任何商量余地，有的员工甚至觉得他不够灵活，偶有微词。但作为一个财务总监，不正是应该做到讲原则吗？在周显山的管理下，易盛玖的整套财务流程都十分严格。从销售流程就开始把控，采购、定价、销售、回款，这其中的每一个环节都有人监控。对于现结款客户，销售时就必须结账，不得拖延；对于签有合同提前协议无须立刻付款的客户，也都有客户验收单返回到财务部，由财务部统一把控。每个月的1号是结算上个月账目的日子，结算人员要求所有的单子都要和账目吻合，不能有任何差错，只要吻合，就必须立刻交账。易盛玖的业务员虽然有大笔的业务，却没有任何款项由他们经手，而是由送货的司机结账。易盛玖还规定，所结款项当天必须交清，一旦当天没有交清，第二天立刻停岗。这是易盛玖的“十大铁律”之一，任何人不得违背，这条铁律一直延续下来，大家也都形成了习惯，没有人敢私自挪用公款。在严格的监控下，也没有人能够私自挪用公款。

十年财务零问题的另一个重要原因，就在于“人”。易盛玖不只是个公司，更是个大家庭，团队里的每一个人都重情重义，真正把易盛玖当成自己的事业去完成。他们的集体荣誉感非常强，内部也鲜有矛盾，是一个和谐一致的整体。而这个团队的领导者闫鸿志又是个正直的人，深得大家敬佩，大家觉得跟着闫总干就有安全感，不管将来路走向何方，闫总都不会抛弃大家，所以大家都把易盛玖当成一生的归宿。这样一来，每个人都会好好维护公司，不会做伤害易盛玖名誉和利益的事。长期下来，这种正能量融入每个人的观念中，形成了整个团队的风气。团队风气一旦形成，就会具有壁垒作用，任何不认同这种风气的人，都会被团队排斥在外，无法融入。

税收关乎法律，法律面前无小事。闫鸿志说：“我这是对所有人负责，也是对自己负责，不要在法律面前开玩笑，企业经营得好一点、坏一点都没关系，若一旦出现法律问题，企业经营得再好也无济于事，随时都有可能被贴上封条。”金钱的诱惑是巨大的，无数人在金钱面前失去了理智，但闫鸿志却经受住了诱惑。

易盛玖如此完美的财务状况，深受银行欢迎，所以易盛玖从银行贷款相对更容易了。不止银行放心，易盛玖的每一个股东、财务人员也都很安心，谁都不用因为公司偷税漏税而担惊受怕，大家踏踏实实、本本分分做事，安心度过每一天。

第六节　透明化管理

易盛玖脱胎于上市公司草原兴发，虽然不是上市公司，但无论是经营理念还是管理之道，很多都会按照上市公司的标准执行。

在内部管理上，易盛玖实行透明化管理，也叫平衡化管理。

一个公司最重要的数据无疑是财务数据，易盛玖透明化管理首先体现在财务透明上。易盛玖的财务数据对所有管理人员公开，对管理层来说，易盛玖是没有机密的。易盛玖每个月都要召开一次管理人员的财务分析会议，在会议上，财务部负责将所有的销售数据公开展示给大家，并且将每一个部门的财务数据挨个进行分析。在座的任何人都有权利对任何一个数据提出疑问，财务人员也必须将相关数据全部调出来回答对方的提问。这样一来，所有的管理人员都可以清清楚楚地看到公司的钱是怎样赚来的，又花在了哪里，不让任何人有捡财务漏洞的机会。其次，财务数据的背后反映出的是整个公司一个月的经营情况，所有资金来源去向清晰，而易盛玖的管理人员大多也是易盛玖的股东，大家一起了解公司的财务经营状况，分析经营成果，总结经验教训，也更方便大家对下个月的工作提出合理化建议。再次，这对所有人也是一种规范和约束，不管是财务部还是业务部，所有的资金、数据都会投影到大屏幕上，每一项都必须经得起大家的询问和考验。最后，公司所有的报销费用也会在会议上一并公示，包括闫鸿志本人在内的所有报销支出，都要接受大家的检验，这也加强了管理人员的自律，增强了相互之间的信任。对一个公司来说，财务可能是最复杂的事，也是最容易引起矛盾的。财务是一个公司的命脉，多年来将全部财务公开，是易盛玖对员工的信任，也是员工对公司的信任。全透明化的财务管理是非常不容易实现的，可一旦实现，其积极作用也十分明显。它让公司里的每一位管理者都具有了主人翁的意识，易盛玖不只是闫鸿志的，也不只是股东的，而是所有易盛玖人的，每个人都有权利当易盛玖的监督者，也都有权利为易盛玖的发展建言献策，这无疑增加了易盛玖团队的凝聚力。

除了专门的会议之外，日常财务数据也会随时公示。易盛玖有一个管理人员的工作群，群里有 22 个人，上至董事长闫鸿志、总经理乔志霞，下至部门副经理在内的易盛玖所有管理人员都在群内。所有管理人员的工作日志每天都要在群里公示，包括财务数据、采购价格、数量等在内的日常的工作交流和沟通，也都随时在群里进行。

在日常管理中，从前台、司机到管理人员，都使用同一个签到系统，不论职务高低，其签到、签退、拜访等标准都是一致的，无论谁迟到、早退或违反其他规定，都会被公示。

每个易盛玖员工的业绩指标都是透明的，会向全公司公示，业绩完成与否也会公示，所有员工的奖金、提成都有制度可循，完成多少业绩就拿多少酬劳，大家凭本事拿钱，而不是凭领导心情和跟领导交情。罚款也是公开的。按公司规定，管理人员每天都要汇报自己的工作，不按时汇报的就要罚款。财务经理周显山和总经理助理董铭钢就曾因为工作忙，忘记了汇报，结果第二天就被发通告和罚款，全公司上下都知道了。这两个人都是易盛玖的高管，但是在规定面前人人平等，与职位高低没有关系。当然，他们两人也都心服口服，说“错了就是错了，该罚就得罚”。

通常被认为“灰色地带”的采购环节也是公开的。同样的产品，每个采购员的报价都要进行公示，中标的采购员和生产厂家也进行公示，最大程度地避免了采购中饱私囊、乱报价吃回扣的可能。

千里之堤，溃于蚁穴。公司是个复杂的架构体，任何一个环节的不透明、不公平都会成为隐患。像易盛玖这样透明化的管理，不仅需要极大的勇气，也需要有专业、规范的操作流程。易盛玖脱胎于上市公司，其运营流程的规范性使透明化的管理成为可能，真正做到了从细节入手，避免了因管理不善、不透明而导致的内部矛盾。

第六章

既要对得起股东，更要对得起客户

第一节 “股东信任咱，咱不能对不起股东”

一个公司最初的支持者和信任者就是股东，股东对公司的信任就是真金白银的支持。股东间如果各怀心思，或者对公司不信任，可能导致公司的分崩离析。股东对公司充分信任是一个公司的幸运，公司努力维护股东的利益是本分。易盛玖就是一个幸运的公司，也是一个守本分的公司。

易盛玖成立后经销的第一个牛羊肉品牌是天玛生态，而闫鸿志本人也是天玛生态的股东之一，闫鸿志和天玛生态的金总又是十分要好的朋友。易盛玖成立才三四年的时候，有一次，金总邀请闫鸿志一同吃饭叙旧，正是这次叙旧让闫鸿志遇到了贵人。席间一起吃饭的还有一位老板——石家庄永昌集团的袁总。

席间，闫鸿志和袁总聊得十分投机。闫鸿志谈起自己对肉食品行业的看法时，袁总十分赞同，三言两语间，就有相见恨晚之感。袁总笑着说：“闫总，我要投资你的公司。”

闫鸿志只当是一句玩笑话，也笑答道：“那就太好了，我们十分欢迎！”

接着，两人又聊起了别的。

散席后，闫鸿志也并没把投资这事当真。投资是大事，他和袁总初次见面，仅凭一顿饭工夫的交谈，不可能就这么轻易地让袁总真的决定投资自己的公司。可是，让他没想到的是，没过几天，永昌集团的财务总监竟真的来到易盛玖，和闫鸿志谈投资事宜。闫鸿志深深地感叹袁总的果断和气魄。

投资进行得十分顺利，永昌集团对易盛玖给予了 100% 的信任，甚至连投资必要的任何审计、评估工作都没有做，也没有派财务人员来驻守，所投资金就到位了。自此，石家庄永昌集团便成了易盛玖的第二大股东。

入股后，袁总多年如一日地保持着对闫鸿志和易盛玖的绝对信任，甚至连易盛玖的公司都没有去过一次。永昌集团的财务总监是易盛玖董事会的成员，但每年也就来易盛玖一两次，来了吃个饭叙叙旧就走，从不介入易盛玖的经营和管理，从不查看易盛玖的账目和财务报表，甚至连易盛玖每年的分红多少都不在乎。

闫鸿志说："袁总是我的贵人，股东信任咱，咱不能对不起股东。"每个月，易盛玖都会将详细的财务报表发到永昌集团财务总监的邮箱，在与对方见面的短短时间里，闫鸿志也尽可能详细地将公司的情况汇报给他。"这几年，袁总和安总监没少帮助我们，我们虽然只有一面之缘，却有这样的信任，绝不能辜负了人家。"闫鸿志说道。

不只是大股东，易盛玖还有数十位小股东。这些小股东大部分是易盛玖刚成立时，自己出钱认缴了易盛玖股份的。当初那样的非常时刻，团队所有人都面临下岗的命运，易盛玖成立后的前途也未可知，团队里都是靠自己辛苦拼搏养家的年轻人，谁都没有丰厚的家底，很多人是拿出了自己全部的积蓄来认缴股份的。

这些小股东当初并没有多少投资理念，认缴股份也不是为了以后赚大钱，他们认缴股份就是出于两个字——信任。他们信任闫鸿志，相信闫鸿志的为人和能力，相信闫鸿志能带着他们闯出一片未来，出资就是为了告诉闫鸿志：闫哥，我们相信你，我们支持你！

他们的信任和支持也并不局限于最初的股份认缴，更多地则体现在他们日常的点滴工作中，兢兢业业、踏踏实实，至今他们已经为易盛玖付出了十多年。大部分股东都为易盛玖的发展做出了卓越的贡献，如今都担任着易盛玖重要部门的工作。十多年来经历过风风雨雨，他们都与易盛玖坚定不移地站在一起。当闫鸿志果断地砍掉草原兴发的全线产品，重新寻找产品时，他们选择了相信闫鸿志；当易盛玖遇到紧急项目人手不够时，不论是卸货、送货，还是下车间，他们二话不说就去干；当市场上假货泛滥，使易盛玖的经营遇到极大困难时，他们选择了不离不弃。这份十年如一日的坚持与支持，比什么都可贵。

后来，易盛玖还赠送了一些原始股给优秀员工。这些优秀员工都为了易盛玖的发展尽职尽责，做出了突出的贡献，他们对易盛玖的信任和付出也有目共睹。

股东的信任是对闫鸿志和易盛玖全体员工的极大鼓励和鞭策，股东越是信任，闫鸿志就越是严格遵守规定，绝不做假账，绝不做假冒伪劣产品，抓品质、抓质量，绝不触碰法律的底线，绝不辜负股东的信任，首先让易盛玖活下去，才是对股东负责。在活下去的基础上，努力将易盛玖经营好，尽最大的努力经营好易盛玖，提高效益，获得更多的利润，让股东也获得更多的收益就是给股东最好的回报。上市新三板，是易盛玖接下来发展的重要步骤，使公司进入资本市场，获得更多的发展机遇和资金支持，从而让股东获得更多的回报。

大股东也罢，小股东也罢，易盛玖都同样感恩。不论什么时候成为易盛玖的股东，不论以何种方式成为易盛玖的股东，易盛玖都一视同仁。有的股东是只出资而不参与公司经营，有的股东是既出资又参与公司经营；有的股东的股份来自自己的资金投入，也有的股东是凭借优秀员工获得的公司赠股，无论哪一种，对易盛玖来说都是一样的，股份面前人人平等。每一个易盛玖人都在努力，将易盛玖做得更好，让股东们获得更好的回报。

第二节　客户都是辛苦做出来的

要让股东有更好的回报，就要让公司盈利；要让公司盈利，跑业务、谈客户总少不了。这其中的艰难与心酸，可能那些战斗在一线的业务员们是最有体会的。谈起“客户”二字，恐怕任何一个业务员都会又爱又恨。谈客户、做市场，无疑是压力最大、最辛苦的工作之一，业务员们往往会遇到许多旁人难以想象的难题。

新客户的开发是最难的，尤其是在品牌和公司初创时期，知名度低、认可度不够、客户的信任不足，在这些情况下，谈下一个新客户，一般至少要亲自上门沟通七八次以上。更难的是，新公司面对强势的客户，可变性太大，有的时候，看似谈判一切顺利，却偏偏在签订最后协议的前夜，客户反悔、变卦。

在易盛玖，业务部是一线，也是最重要的部门。同时，业务部也是最辛苦的部门，每一个客户的发掘都凝聚着许多业务人员的劳累和心血。那么，业务部里又发生过哪些故事？

1．“大象”李向春，爽快又细心的汉子

李向春，绰号“大象”，是个长得高大壮实的汉子，豪爽、仗义、打得一手好篮球。别看他外表粗犷，心思却十分细腻，几乎年年都是易盛玖的销售冠军。

李向春的客户大多是超市。易盛玖与超市的合作中，超市无疑是强势的一方。有一回，李向春和某超市谈合作，因为其中某一细节没有谈拢，超市的采购人员直接当着其他采购和供应商的面将在场的所有易盛玖员工轰了出来。那段时间，李向春的日子非常难过，晚上连觉都睡不着：一方面，这样的遭遇让他觉得十分难堪；另一方面，他还不得不继续想办法和那家超市沟通。其实，哪有什么办法呢？也就是软磨硬泡、抛开面子天天去“缠”着对方罢了。一旦业务员“不要面子”了，业务也就谈成了大半，最终，这个壮实的汉子就靠“死皮赖脸”地天天上门，硬是拿下了这个客户。

易盛玖刚成立不久的时候，李向春遇到过一位开饭店的客户。饭店厨师经常去易盛玖的店中柜买牛羊肉，说起来也算熟悉了。有一次，这家饭店的采购打来电话，想要进一批净含量在二斤一两到二斤三两之间的羊腿，李向春带着样品去见了那个采购员，采购看了看样品，十分满意，说：“这个不错，你给我们送吧！”

“送多少？”

“先来两吨吧！”

两吨可不是小数目，有的业务员可能几个月都跑不出两吨呢。李

向春很开心，也有点大意，没签合同、没缴定金，就直接采购了两吨货送了去。不巧的是，送货的时候财务人员不在，对方便说“明天来结账”。李向春没多想，交由对方验货合格后就回去了。

没想到的是，等李向春第二天再去结账时，对方却换了一副嘴脸。凭“羊腿大小不一”“羊腿形状不规则”等诸多借口，就是不愿意付款。李向春没办法，把全部20箱羊腿一箱一箱拆开，又一条一条拿出来称重，花了几个小时才称完。大汗淋漓的李向春拿着挑出来的四五根羊腿说：“我都挨个称了整整两吨羊腿里只有这几个不在要求的重量区间里，是完全正常的范围。这几根的钱我不要了，送给你们，能不能把剩下的账结了？”可麻烦的是，结账的采购和要货的采购不是同一人，两个人开始了扯皮推诿，你推我、我推你。

李向春真的害怕了。货款不算多不算少，10万元，他根本赔不起，可自己面对这样的情况却束手无策，甚至连个管事的人都见不上。那天，他在那家饭店等了一整天，一直等到晚上12点，都没有等到当初那个采购员或者其他管事的人。没心思回家，他干脆就在旁边的小旅馆住了一夜，第二天早上接着等，终于等来了一个仓库管理员，可那人的态度更让他的心凉了半截，那人说：“这又不是我找你买的，谁找你买的你找谁要钱去！”

没有收条，没有定金，也没有任何协议，如果对方赖账，李向春一点办法都没有。他又给当初那个采购员打电话：“兄弟，你们这个企业肯定是非常正规的，我们易盛玖也是正规企业，你打电话来说要羊腿，我就让公司采购了送来，而且我还全程跟踪，有啥问题我都能给你及时解决。你说有的重量不达标，我挨个称了，不达标的就几个，我全带走退款，你只要把剩余的款项结了就成！”对方却依然含含糊糊，不肯松口结账。李向春说：“我就是个业务员，公司采购货物的欠条打的是我的名字，这次的款结不了，我不仅得下岗，这货款我还得自己赔上。”饶是如此，对方也无动于衷。再后来，对方干脆就不接李向春的电话了。

李向春给媳妇打了个电话，说“临时有事，这几天不回家了”。公司问他结账的事，他只能说“这几天对方出差，正在和对方沟通，肯定没问题”。接着，他又去那家店附近租了旅馆，天天堵在那里，对方不接电话，他就发短信，对方不回短信，他就到店里去问，店里的员工竟然告诉他那人出国了。李向春的心里非常不是滋味，既委屈，又愧疚；既生气，又害怕。自己一个月工资才1000多元，这10万元的货款他根本承担不起，但他也不能让公司承担损失。

一天天过去了，连库管人员都看不下去了，那个采购员仍然没出现。李向春整整在那里等了八天，到了第八天，那个采购员终于现身了！李向春赶紧“截”住他，交涉很久之后，对方终于同意付款。可是，却无理由地扣了2000多元钱货款。不过，李向春已经很欣慰了，能把大部分货款结清，他就谢天谢地了。回到公司，他自己偷偷地把对方扣掉的2000多元钱补上，了结了这件事。

吃一堑长一智，从那以后李向春就谨慎多了。在他的个人成长道路和易盛玖的发展道路上，这只是其中一个小小的插曲，但无论是对易盛玖还是对李向春自己，这都是一笔财富，会让他们更成熟。这么多年来，易盛玖在发展，李向春也在不断地成长。有的时候，李向春负责的片区因为合并等原因不再归自己维护，这都是再正常不过的事，却会直接影响业务员本人的收入。李向春也没什么怨言，就自己去开发新客户，他先后开发了永辉超市、顺丰、保百广场等几个大客户。

顺丰的采购员之前在美廉美工作，在美廉美的时候，就因为业务合作认识了李向春。李向春是个很热情的人，朋友有事需要帮忙，他从不含糊，即使是业务上的朋友也一样。听说那个采购员要搬家，李向春就利用周末时间帮他搬家、买家具，两人自然而然成了好朋友，顺丰这个客户也就顺理成章地拿下了。

永辉超市的开发要更难一些。那时永辉超市的合作商其实已经满额了，而且也都不错，李向春觉得，从产品质量切入的意义不大。所以，他决定向对方好好介绍一下自己的团队优势。

“你看，我们这个团队基本都是赤峰人，老板也是，我们都是从一毕业就跟着老板干，几乎没有人跳槽。现在我们都在北京买了房、成了家、有了孩子，我们团队的稳定性是显而易见的。”

李向春知道，超市是倾向于和稳定的企业合作的，更加有保障。果然，经过几轮沟通、谈判，易盛玖顺利入驻永辉超市。

保百广场是河北保定最大的高档商场。保百的采购员来北京考察时，并非只考察了易盛玖一家。平心而论，那时易盛玖与其他竞争对手比起来，优势并不明显，虽然质量很好，但规模不够大，又没有自己的品牌。相比之下，规模大、名气高、拥有自有品牌的竞争对手显然胜算更大，可偏偏他们自恃名气大，接待客户时显得十分冷淡，相比之下，李向春跑到火车站接客户，客户去哪里考察李向春都跟着当向导，全程服务，易盛玖整个团队的精神面貌也给客户留下了深刻的印象，客户离开北京时，李向春还送到火车站。后来，李向春又亲自去河北拜访客户，前后经历了三次拜访、考察，李向春凭借自己的坚持和易盛玖过硬的产品与服务，最终说服了客户，敲定了合作。

刚毕业的时候，李向春不善言谈，上台讲话都会发抖。现在，他已经可以气定神闲地侃侃而谈，再也不见当初的稚嫩和羞涩。经历过诸多市场的磨炼，他却依然保持着那份热情、诚信和贴心的服务，他的客户都成了他的朋友。

2. 王立新：初生牛犊不怕虎

1986 年出生的王立新，如今才 30 岁出头，但他十八九岁中专毕业之后，就走上社会开始工作了。刚到易盛玖的时候，他负责库管工作，后来调到销售部做业务员。

王立新是个要强的人。做库管的时候，他对所有的货物品种都不熟悉，为了尽快熟悉起来，他加班加点地研究产品。调到销售部后，最初公司并没有给王立新分配客户，因为他没有经验，公司担心他维护不好原有的客户。没办法，他只能靠自己开拓客户。

那时的王立新面临着双重压力：一方面，自己没有客户，没有业绩，每天早上领导公布各业务员销售业绩时，念到王立新那里，读出的数字是“零”，这让他十分尴尬；另一方面，他是闫鸿志的外甥，比起其他人来，他更要表现好，才能维护舅舅的面子，绝不能给舅舅丢脸。初入公司的时候闫鸿志专门找他谈过：“正因为你是我外甥，你比其他同事做得更好才是应该的。”

压力就是动力。没有任何业务经验的王立新，就凭着一股初生牛犊不怕虎的劲头，自己开拓客户。他跟着李向春、李明泽等“老前辈”学习经验，以他们为榜样和目标。一点一点学习怎样跟客户沟通。王立新开拓的第一个客户是一家火锅店。每天晚上八九点钟，是火锅店人气最旺的时候，这时候，王立新就带着羊肉样品去给客户试，让客户亲自涮羊肉尝尝。王立新的功夫没有白费，经过多番努力，他成功拿下了这个客户。

万事开头难，有了第一次的成功，王立新更自信了，不断地开拓新客户，一点一点积累，头一年他就完成了130万元的销售额，成为当年开拓新客户最多的业务员。

有了经验，公司才开始让王立新负责维护超市系统的客户。王立新不负众望，创造了一个个销售纪录。那时由他接手的沃尔玛，两年时间销售额从200多万元升至500多万元，翻了一番，在整个沃尔玛的冷冻牛羊肉供应商里名列前茅。更明显的例子是牛街超市，王立新接手的时候，易盛玖在牛街超市的年销售额只有20万元。但王立新观察发现，这家超市很有潜力。牛街超市是一家回民超市，回民的生活习惯较为特殊，他们食用的牛羊肉必须来自回民超市。北京的很多回民宁愿跑很远的路，也要到回民超市买东西。回民对羊肉的消费量很大，王立新看中了这个机会，跟超市的负责人保持密切的沟通，经过他的积极努力，三年后，易盛玖在牛街超市的年销售额达到了230万元。

王立新是个“拼命三郎”，十足的工作狂，有的时候，他做梦都在谈业务。有些客户很强势，不仅晚上谈判到很晚，而且半夜两三点都有可能打电话过来。客户一个电话打过来，就算王立新夜里睡得正香，他也能瞬间从迷迷糊糊的熟睡状态转入工作状态，马上条理清楚地跟对方交谈。长时间紧张的状态，甚至一度给他带来了身体上的不适，即便如此，他也没有放下工作，上午正常跑业务，下午去医院输液，晚上还要谈客户。

2013年，王立新的年销售额突破了1000万元，成为当年公司销售额最高的业务员。那些他从前只能仰视的“前辈”们，如今成了工作上你追我赶的竞争对手。不过生活中，他们又是无话不谈的好兄弟。而且在王立新心里，这些“前辈”或者竞争对手们还是他的恩师，是他们当初带着他一步步成长。

跑业务没有什么特别的技巧，也不存在特殊的天分，所有的业绩都是辛苦跑来的，所有的客户都是一点点积累起来的。“你想冬天卖给客户羊肉，那你必须夏天就开始跟客户打交道，建立熟悉的关系。”王立新说，“也没有什么，就是多跑跑。”

在易盛玖，王立新是后起之秀，年纪轻轻就业绩斐然。现在，王立新已经由原先的负责超市系统销售，转为负责公司新项目的开拓，迎接他的是更大的挑战，而他对易盛玖的高品质产品信心十足，对自己也同样信心十足。

3. 每个业务人员都有自己的故事

业务员，是个不断与人打交道的岗位。易盛玖的每一个业务人员，都有着数不清的故事。

于俊民是个风风火火的人，好像永远有着干不完的事，就是去吃饭，经常都要跑着去，生怕浪费一点时间。说到“做客户”，于俊民颇有心得：“谈业务其实就像做游戏，像小孩子捉迷藏，不管谁藏起来了谁在找，把握好时间和节奏是最重要的，能在合适的时间把对方找到，就能体验到游戏的乐趣，如果一下子就找到了或者找了半天找不到，那都没意思。”玩好这个“游戏”，最重要的是什么呢？于俊民说：“最重要的有两点：一是讲诚信，二是讲原则。有了这两点，才能给客户安全感，安全感是双方合作的基础，也是买卖能持续下去的必要条件。把握好这两点，就会发现做业务是件很有趣的事。”

于俊民主要负责易盛玖在物美超市的业务，2015 年 6 月于俊民将分割机引进了物美超市，仅仅半年就给公司带来了几千万元的销售业绩。为了谈下这项业务，于俊民可没少下功夫，不知道跑了多少趟客户的办公室。他说，跑业务就是要腿勤、嘴勤，多跟客户沟通，用矮人三分的态度和诚心去沟通，才会让客户对自己产生好感。

孙亚安主要负责易盛玖在永辉超市的所有业务。永辉超市不仅开在北京，天津、石家庄、遵化、宣化、张家口等地也都有分店，所以对孙亚安来说，出差是说走就走、随时进行的。最忙的是新店开业的时候，往往是一两天之内就要开业了，设备、海报、电路、产品等都还没准备好，但孙亚安和他的团队最会抢时间了，不论时间多紧张，他们都能在开业之前把所有准备工作完成，保证正常开业。对他们来说，这是再正常不过的事情，这么多年磨炼下来，早就习以为常。孙亚安说："我们（易盛玖）就像一家人一样，我在这里快 15 年了，跟大家在一起的时间比跟我亲哥哥在一起的时间都要久，没有觉得辛苦，只觉得特别亲切、有力量。"

易盛玖在家乐福系统的业务，目前主要由张显赫负责。张显赫是做财务出身，2007 年开始转到业务部工作。刚到业务部，张显赫就接到了一个不算轻松的任务：尽快将某家终端商场客户的款项收回。这家商场当时的处境不太好，为避免夜长梦多，张显赫必须尽可能快地将 4 万多元的款项结掉。当时张显赫并不熟悉业务流程，他用的是最简单的办法：每天都去那家商场和采购人员沟通，尽可能满足对方的一切要求，只要对方能把欠款结了。张显赫清楚地记得，自己整整跑了 15 天，对方的采购员实在推托不过去，终于将全部款项结算给了他。又过了三五天，张显赫再一打听，商场倒闭了，和其他客户没结清的款项恐怕再也结不了了。张显赫长长地舒了一口气，要不是自己的"紧追不舍"，易盛玖恐怕就要白白承受 4 万多元的损失了。

第三节 “纯羊肉百分百”

市场是任性的。当监管不足、利益诱惑巨大时，市场中的卖方为了牟取暴利，很容易误入歧途，走上掺假、贩假的道路。市场虽然具有自我调节功能，但在一定时期内，市场自身也是无法及时调整这样的不良状况的，这就很有可能导致劣币驱逐良币、假冒伪劣产品占据主要位置的局面产生。北京肉食品市场一度出现过这样的情况，那是在 2011 年到 2013 年。

但长远看来，市场仍然有规律和自愈能力。短时间内的不合理势必会被真正的潮流所取代，长期下来，只有好的产品才能经受岁月的考验。

坚持做好产品、真产品的易盛玖，就经历过一段劣币驱逐良币的艰难时期。那时，市场上一度假货泛滥，国家还没来得及制定完备的整治措施，普通消费者又没有辨别能力，大多数情况下，他们去超市都是在同类产品中挑便宜的。掺假的产品比好产品成本要低很多，所以价格优势也非常大，这样一来，假货反而更受市场欢迎，像易盛玖这样坚持做真货的企业日子却很不好过了。

其实肉食品的利润很低，基本靠薄利多销。销量不理想让部分员工开始怀疑，他们坚持做真货的理念是不是对的？有人向闫鸿志提议说:“闫总,我们是不是也可以掺一点点假？就一点点,也不大影响质量。我们做真货没有利润，价格又没有优势。现在假货这么多，国家又管不过来，我们干吗不趁机赚一笔呢？”

闫鸿志很严肃地否决了这一提议。他理解员工对公司现状的忧虑，但这样的事是他不能容忍的。为此，他专门召开会议，告诉大家为什么我们不能做假。

“做一个企业就像做人一样。我们这么辛苦地工作，费了这么大的劲儿，难道以后让别人提起易盛玖的时候，指着我们说‘是那个做假货的’？我们做事要对得起良心，我们不能做昧良心的事，贪图眼前的利益而让我们的孩子遭报应。”

总之一句话，必须做真货。

在对产品的检测把关上，易盛玖实在是尽了最大的努力，严格挑选实行正规生产的大品牌、大企业。采购的每一批次货品，除了要求厂家提供检测报告之外，还要自己全部抽取样品带到国家最高监测部门进行权威检测，从采购环节就杜绝假货、劣质货的出现。在和卖场谈判的时候，易盛玖持有的是双份的检测报告——厂家提供的和自己带去抽检的，增强卖场对自己产品的信心。

2012 年为了表示自己做真货的决心，易盛玖甚至专门在销售的最前线打出了一个标语，叫作“纯羊肉 100%”，为的就是引导消费者辨别真假牛羊肉，提高消费者的食品安全意识，给消费者品质保障和信心。闫鸿志并无意针对同行，他甚至担心过，这样做是否可能会直接触碰到某些同行的利益。但正道就是这样，他也别无选择。

那时，除了易盛玖之外，没有一家经销商敢说自己出售的羊肉

100% 是纯羊肉。当时的市场非常混乱，超市里的肥羊很多是添加了鸭肉、猪肉等便宜的肉，甚至有的添加了化学品，消费者不懂辨识，只知道买便宜的肉，但消费者自己也知道真羊肉不多，因为没有谁敢大张旗鼓地宣称自己的羊肉是百分之百真羊肉。但易盛玖敢，因为易盛玖从源头到各个环节都在严格把控，有这份底气。易盛玖还承诺，欢迎消费者带易盛玖的产品去检验，只要易盛玖的产品被检测出掺假，除了接受相关部门惩罚外，易盛玖额外给予消费者十倍赔偿。假一罚十！至今，在北京的永辉超市，还能看到“纯羊肉 100%”的标语。

市场混乱的那几年，易盛玖经营得十分艰难。超市方甚至流行一句话：“卖产品别卖易盛玖的，因为价格高不好卖。但自己吃肉制品一定要吃易盛玖的，放心！”超市的员工和管理人员因为了解行情，都喜欢买易盛玖的产品回家吃。每逢质检部门去超市检查的时候，有的超市就把那些风险大的品牌撤下来，全部换上易盛玖的产品。长期下来，超市等卖场对易盛玖的品质十分放心，用他们的话说就是，“你们说是羊肉，那就肯定是羊肉；你们说是牛肉，那就肯定是牛肉，不会是别的东西。”渐渐地，易盛玖的高品质羊肉也受到市场上高质量消费者和年轻人的欢迎，市场占有率越来越高，再加上国家对食品监管越来越严，易盛玖的销售也一天天好起来。现在，易盛玖的羊肉在北京市的商超中销量稳居第一。所以说，只有好产品才经得起市场的考验。

如果做假货，无疑会牟取一笔巨额暴利，易盛玖却没有选择这样做。坚持做真货的易盛玖虽然盈利受到影响，却有更大的收获，那就是获得了更多客户和消费者的信任。商场、超市等卖场越来越愿意和易盛玖合作，他们图的就是放心。尤其是在国家对食品安全监管越来越严格之后，易盛玖终于熬过黑暗，迎来了黎明。

一个企业能否长期生存下去，受很多因素的制约，比如管理、氛围、战略等，但最重要的，是品质。一个管理不善的企业可以通过改善管理而扭转局势，一个战略决策失误的企业可以及时修正战略来扭转局势，但一个做假、贩假的企业，一定经受不住市场的长期考验，难逃被市场淘汰的命运。闫鸿志及所有易盛玖人都坚信，做 100% 的良心产品、放心产品，永远是企业长期生存的根本。

第四节　过期的食品一件不留全部销毁

我们在选购食品的时候，基本都有这样一个习惯：拿起产品后，先看产品的生产日期、保质期。

这是因为产品的配料成分表太复杂，消费者往往看不懂，所以大多数时候对此也不太在意；产品合格证也不是那么容易能被看到的；而最简单易看的，就是产品的生产日期和保质期，一目了然。一件产品如果被发现过期了，就相当于这件产品质量不合格，消费者无论如何也不会购买。

做过生意的人都知道，产品有毛利和净利之分。毛利是销售价减去成本价，但毛利并非商家的最终利润，在毛利的基础上，还要再减去人工、租金、库存等多方面的成本，之后得出的数额才是商家的最终利润，也就是净利。对易盛玖这样的肉食品企业来说，库存就是非常大的成本消耗。

易盛玖的库存，很大一部分是超市的退货，其中主要是过期的产品。

放在卖场、超市进行销售的产品，势必会有一定比例的滞销，这是任何产品都无法避免的。在产品经销商和超市之间，超市其实是强势的一方。因为超市等大型卖场是产品的主要销售场所，无数经销商挤破头都想让自己的产品进超市。对于滞销产品、过期产品，很多超市的处理方案是直接退给经销商，损失由经销商负责。对于经销商来说，这是很无奈的，但他们只能接受这个事实。

库存是难以避免的，为了减少过期库存，每个经销商都要时时把控，比如，合格日期只要过了一半就开始赠送礼品促销，合格日期过了 2/3 就开始打折促销，临期的产品更是加大促销力度来清库存。但即使这样，也不可能完全清理掉库存，产品种类越多、销售渠道越多，库存就越多。

常看新闻的人都知道，很多无良厂家对过期产品的处理方法一般是改换包装、二次出售。但易盛玖不会这么做。

易盛玖的处理方式是：一件不留，全部销毁。

采购部门的负责人初海波经理对此深有体会："每一件退回来的产品，都有专门的人员负责销毁。先用剪刀把袋子剪出一道大口子，然后把袋子里的肉倒出来扔掉，彻底避免产品再次流入市场。"

听上去很浪费，但易盛玖必须这么做。食品不同于其他产品，服装过季了可以减价处理，但食品是要入口的，是关系到人的安全和健康的，用初海波自己的话说，就是"这里面的肉扔掉或者喂猫喂狗咱不管，但是绝对不能让完整的产品从咱们手里流出"。其实易盛玖大可以不这样做，过期并不代表产品质量出现问题，只是说产品的质量不能保证了，甚至很多时候，过期时间不长的产品人吃了也无害。但易盛玖必须这样做，闫鸿志说过："我放到超市里的产品，必须能达到我敢买回家给我儿子吃的标准，否则就不能卖。"

一批一批的产品被销毁，谁看着都心疼，但最心疼的就是闫鸿志自己。走商超渠道的食品，其实退货量很大，因为超市对产品的新鲜度要求很高，保质期一年的产品，距离生产日期超过 4 个月，超市就不会再收货，超过5个月，超市就会退货。有人可能会想，反正离过期还早，即使超市退回也还可以通过其他渠道继续销售。确实，有一部分产品可以再通过其他渠道销售，但是有很多产品由于品类的特殊性需要低温冷藏，根本经不起折腾，只要温度发生变化，其品质就无法保证了。比如调理类产品，这类产品都是在超市的冰柜中储存，储存一段时间就会化霜，化霜后如果再经历退货、运输，再到下一个渠道重新冷冻，产品就会因为变形而无法售卖。像这样的产品，即使没有过期，只要超市退货，就只有被销毁这一条路。销毁的这些产品，都是易盛玖花真金白银采购来的，初海波心疼地说："这无异于在'扔钱'。"易盛玖每年销毁的产品至少价值七八十万元，但易盛玖必须对消费者负责，对企业的信誉和产品质量负责，过期、变形的产品坚决不能进行二次销售，更要尽一切可能防止它们再次流入市场，到达消费者手中。

为了保证过期和变形的产品能被全部销毁，易盛玖加强了库存管理，还购买了专门的日期管理软件，每一件产品的生产日期、出库日期、保质期都一清二楚。不论是过期的、临期的，还是变形的产品，都被易盛玖认为是不能售卖的，这样的产品即使退回也不能进入正常库房，而是进入专门放置这类产品的库房，由财务进行数据统计后全部销毁。

在同行业里，易盛玖算是特立独行的公司，有着别人看来完全没必要甚至有些"傻"的执着与坚守。但是对消费者来说，他们不正需要这样的良心企业吗？一个对消费者不负责任的企业，发展得再快，都是一时的，对社会、对消费者也是一个威胁。

"过期的食品一件不留，全部销毁"，这是易盛玖对消费者的承诺。我们的市场需要规范，这不仅仅是国家的事，也是每一个企业的事，如果一个企业遇事只从自己的利益出发，贪恋眼前利益，只会让市场越来越差，让消费者吃亏。易盛玖希望能给肉食品行业带个好头，希望大家都能为消费者的健康负责，让市场良性循环。从采购到销售再到过期食品的销毁，采购负责人初海波全程负责，牢牢地把控产品质量。正如乔志霞总经理所说："我们虽然改变不了大环境，但我们能改变自己，先从我们自己做起。"

第五节 “叫货就到”与“订一件货都送”

易盛玖的服务好，这在行业内是人尽皆知的。许多下游客户选择和易盛玖长期合作，大部分基于两个原因：一是产品好；二是服务好。

有客户这样形容易盛玖：只要从易盛玖订货，哪怕只订一件货，也会给我们送到，而且非常准时，从不迟到。是的，江鸟物流对待大小客户从来一视同仁，只要承诺了配送，就算赔钱也要准时送达。

“叫货就到”，说起来简单，做起来可不容易。易盛玖团队有一个叫朱以军的小伙子，他曾遇到这么一件事：有位客户在一家家乐福门店团购了一批易盛玖的产品，货款已经付了，但门店的存货量不足。家乐福要求易盛玖立刻再送一批货过来，可不巧的是，易盛玖的库存也不足了。小朱在中间协调多次无果，着急坏了，没办法，他只能求助闫鸿志，希望闫鸿志能同意公司紧急从厂家调拨产品过来。但闫鸿志知道，厂家调货最快也要三天，而门店的客户要求当天备齐货，根本就来不及。

为了不影响家乐福门店的销售，在客户要求的时间内送到货，易盛玖出动了全部业务员，大家到各个可能有货的门店调货，这家调5件，那家调8件，一家一家地凑。其实所谓的“调货”就是请门店退货，那些不愿意退货的门店，易盛玖就正价将产品买出来。为了满足客户的需求，可以说不惜一切代价。十几个业务人员，跑了几十家门店，好话说尽，办法用尽，最终在一天之内将客户需要的100多件产品成功凑齐，并从北京的四面八方将货品运送到那家店。

当产品全部凑齐之后，门店的经理都被感动了，当场对易盛玖竖起了大拇指，连说“你们很牛”。其实算起来，这一单易盛玖是赔钱的，耗费了那么多的人力、时间，甚至不惜从客户手中正价买回自己的产品，再批发价卖给另一个客户，这样的事在外人看来很“傻”，但易盛玖就是这么“傻”。在易盛玖的理念中，一时的赚钱不如信誉重要，一时的盈利不如维护客户的利益重要。付出必有回报，漂亮地办成了这件事后，小朱和这家店的合作也越来越顺畅。

易盛玖非常重视信誉，往大了讲，易盛玖从不拖欠款项，往小了看，易盛玖送货说几点到就几点到。有的供应商从厂家采购货品是不会提前付款的，而是先拖欠，等到产品全部卖完后，再用卖货赚到的钱付给厂家。这样的事在易盛玖从不会发生。送货也是一样，客户要求订多少货，什么时间到，如果完不成，那就由易盛玖自己承担责任。闫鸿志跟所有员工讲：“诚实做人，诚实做事，我们对客户一定要诚实，不能让我们的客户蒙受损失。如果因为我们送货送晚了，影响了客户的销售，让客户蒙受了损失，那么理应由我们把相应的产品买过来，补偿别人的损失。”为了保证客户的产品能准时送达，易盛玖形成了十分完善和快速的处理流程：每天下午接到订单，当晚9点钟之前开票员开出货单，接着仓库开始分货，并分配好送货车辆。清晨两三点钟，配送司机就出发送货，保证在早上5点之前将客户的产品送达。

即使在市场假货泛滥、易盛玖经营遇到困难的那几年，易盛玖依然保持着对客户高水准的服务。无论客户要多少货，都要送到。送货成本其实并不低，尤其是在北京这样交通拥堵的城市，送货往返一次北京周边要 200 多千米，耗费好几个小时，所以，很多供应商都会规定低于 5 件货一律不送。

为了在保证服务的基础上降低配送成本，易盛玖有了建立自己的物流公司的想法。配送自己产品的同时，也承运一些其他厂家的货品，以此来降低物流费用，这就是江鸟物流成立的初衷。

物流公司最大的成本在于人力和车辆，“订一件货都送”，这在物流中实在不多见，客户给的费用是一定的，货品太少可能连车辆来回的油费都不够，肯定是赔钱的。很多人看来，这样很“傻”，但江鸟物流却一直坚持着。易盛玖本身也是做肉食品经销的，十分理解肉食品经销商送货的痛点，尤其是面对超市，在送货环节会存在各种各样的问题，很多时候，货品往往无法按规定时间送到物流公司。所以，江鸟物流向客户承诺，只要客户能在发车之前将货品送到，江鸟物流都会尽量给客户配送，“即使是单雇一辆车，也会给你送到”。有了这样的通情达理和充分的沟通，才能留住客户形成稳定的业务关系，客户也就愿意理解江鸟物流，在以后的合作中尽量避免货品迟到的情况，利人利己，双方的合作也越来越顺畅。反过来，如果一味限制客户、不理解客户，只会冷冰冰地回绝客户，客户也一定不会选择长期合作。

当然，江鸟物流也有起送标准，并非全部敞开随时送货、一件也送。而是说当客户遇到困难时，江鸟物流愿意放弃自己暂时的利益，去帮助客户解决困难，哪怕赔一点钱也没关系。为客户着想，就是做好服务的秘诀。按合同办事当然没错，但有时候需要变通，如果一味强调合同和规定，要求客户必须按规定办事，虽然能时时保证自己的利益，但这份利益却是眼前的，目光短浅就失去了长远利益。而为客户着想，愿意为了帮助客户而放弃眼前利益，就会赢得客户长期的信任和合作，这才是明智之举。

易盛玖是个商贸公司，必须要做好服务并保证效率，必须守信并对客户负责，这样才能赢得客户的尊重。在易盛玖看来，这比一切都重要。物流只是易盛玖整个经营链条中的一个环节，“叫货就到”“订一件货都送”也只是易盛玖和江鸟物流在服务中一个小小的点，但从这个点上，却能折射出易盛玖对客户的服务理念和负责态度，那就是——客户最重要。也正是因为这样的服务理念，才使易盛玖得到了众多客户的认可和好评。

第六节 “你们是我们见过的物流中最好的”

江鸟物流成立之初，和大部分初创公司一样，在设备、人手、资金方面都十分缺乏。那时，闫鸿志却只给了江鸟物流六个字的定位：服务，服务，服务。车辆可以比别人少，资金可以比别人少，人员可以比别人少，但服务一定要比别人到位。江鸟物流不仅是个物流公司，更是个服务企业，只有把服务做好了，江鸟物流才有生命。

江鸟物流成立不久，就接待了这样一位客户：一家叫科尔沁的高端牛肉供应公司。在找到江鸟物流之前，科尔沁找的是另外一家物流公司做配送，可是由于这家物流公司配送经常不合格，向科尔沁支付的罚款反而比科尔沁支付给它的配送费用还高。如此算来，科尔沁找这家公司配送，不但不要钱，还能赚些赔偿的小钱。但比起产品配送延误带来的损失，这点罚金根本算不得什么，所以科尔沁终止了与这家配送公司的合作，找到了江鸟物流。

虽然易盛玖多年来一直自己配送自己的产品，从数据管理、仓储，到车辆调配、配送，整个物流系统都是成熟的，但这毕竟只局限于自己的产品，对配送外界产品方面却没有经验。对此，科尔沁也表示担忧，但它们相信易盛玖多年来的信誉，所以决定试试。

果不其然，真正开始运营后，大家就有点手忙脚乱了，这样那样的问题开始出现，小麻烦不断。给外部客户配送和给自己的产品配送完全不是一回事，并没有想象中那么简单，这其中也有很多环节。第一个月问题频出，送错了货、送货不及时导致产品融化、沟通延误、账目混乱，等等。大家开始意识到，之前把一切想得太轻松了，于是公司又给江鸟物流加强了人手配置，曹刚也加入进来，为江鸟物流清理账目和流程。那段时间，大家吃不好饭，睡不好觉，就为了把客户服务好。

江鸟物流的董事长曹刚、总经理冯海山、副总经理高凤山几人，更是没日没夜地加班，经常整理单据到深夜一两点，只睡两三个小时又接着起来装货、发货，大家都称他们为“铁人”。入库、分拣、配送、信息对接、财务核算，每一个环节曹刚都要盯着，生怕由于自身的问题而给客户造成损失。冯海山更是亲自服务客户，给不熟悉情况的客户提供各种帮助。不仅是曹刚和冯海山，为了服务好客户，江鸟物流团队的每个人连休息都要轮流来，闫鸿志看着都心疼了。

经过大半个月的努力，眼见着当年 10 月的情况已经大幅改善，可偏偏又遇到了 APEC（亚太经济合作组织）会议，会议期间北京车辆限行，这相当于配送车辆一下子减少了一半。刚要放松一下的大家又立刻绷紧了弦，从冯海山、曹刚、高凤山、韩勇、马金城这些中高层领导到最基层的配送司机，大家都 24 小时连轴转起来。配送部经理马金城说，最忙的时候，几乎两天都没睡觉，站在站台上都能睡着。闫鸿志偶尔过去跟他们一起吃顿饭，发现他们即使是吃饭的时候对讲机也不曾离手。配送、仓储是最辛苦的部门，不管是领导还是员工都要时时干体力活，劳动强度很大，冯、高、马、韩等人都是老员工了，这么多年从没抱怨过。

配送司机半夜也要送货，夜里 11 点去提货、12 点提货回来，休息两个小时后，夜里 2 点钟就出去送货，几乎没有休息时间。为了防止司机疲劳驾驶，公司特意派人跟车，跟车的人怕司机睡着，不停地跟司机说话，说到嗓子都哑了。不论职位、岗位，所有人都身兼数职，配送司机不够，马金城等人自己开车派单，派完单回到公司还要接着装车，一刻也不停歇。自有车的数量实在不够，就只能找其他物流公司的车。但物流公司都有规定，本公司的车不允许拉其他公司的货，只能偷偷地在院外装车。有的时候实在找不到车，或者别人不愿意帮忙，无奈之下大家只能去路上拦车，请求别人帮忙拉货，为了拦车，他们一度追到五环路上。

大家齐心协力，本着共同的理念去拼搏，没有人抱怨，他们十分清楚事情的最终结果应该是怎样的，一切行动都是为了在规定的时间内达到这个结果，为此多付出一些努力和汗水都没关系，只要能服务好客户。车辆不够，高管们就用自己的私家车来凑；人手不够，易盛玖能当司机的全上阵，每个人都靠着毅力在坚持着。尽管出过各种各样的小问题，总算有惊无险，江鸟物流都及时修正和处理了这些问题，保证了最终顺利完成客户交给的任务。

一个团队在探索的过程中，出现问题是难免的，也是再正常不过的。但江鸟物流每解决一个问题，都会让这个问题彻底解决，保证不会再次发生。与科尔沁合作半个多月后，江鸟物流就把科尔沁的整个配送流程全部梳理清楚，从此顺畅起来。仅仅半年多，江鸟物流就把物流公司的各项流程都理顺了，从最开始的一天配送几吨货物都会手忙脚乱，到如今的配送几十吨货物依然井井有条，看似发生了质的变化，其实对江鸟物流团队来说，这只是数量的变化和经验的积攒。

那年易盛玖的年会，科尔沁的老板也专程赶来参加，他对闫鸿志说：“你们是我见过的物流中最好的。”科尔沁和江鸟物流的合作从那时至今从未间断，江鸟物流的配送费用并不便宜，但比起保证产品按时送达和销售，物流上多付的成本可以忽略不计，客户愿意为江鸟物流一流的服务付费。

物流是个辛苦的行业，每天夜里两三点钟，江鸟物流的保管员、司机、配送员们就开始工作了，装车、配送，保证在早上 5 点钟之前将新鲜的货品送到超市，每天如此，整个流程顺畅无阻，准时准点送达货品。

所以说，出现问题不可怕，只要能解决问题并避免再出现类似问题，就获得了财富和经验。如今江鸟物流早就已经走上了正轨，但他们仍然坚持着那六个字：服务，服务，服务。

第七节　让客户觉得最简单的就是最好的

做好服务是易盛玖和江鸟物流的宗旨，可“服务”这两个字，想做好并不容易。工作中，我们经常遇到这样的情况：员工与员工之间、部门与部门之间，遇到问题需要解决或需要承担责任时，往往相互推卸，都觉得与自己无关、与对方有关。解决这一问题的方法，一般是采取明确的分工。

易盛玖的解决方法却与此不同。谁都怕麻烦，客户也不例外，优化客户体验就是站在客户的角度考虑问题，替客户着想，尽量缩减流程，给客户提供方便。这就是服务。

体现最明显的，就是江鸟物流的送货单。送货单上既有客户自己的电话，也有负责这一客户的业务员的电话，甚至还有管辖此业务员的业务经理的电话。举个例子，客户最常遇到的问题，是送货时接货方无故制造障碍。各卖场的售后和仓库由于人员流动性大、素质参差不齐，无故拒绝收货、人为制造收货障碍是常有的，“等会儿给你收”“过一段时间再过来，现在没空”这样的无理情况经常发生。这时候，配送司机往往无可奈何，又不能一直耗下去，就需要业务员出面沟通联系。但事实上，这并不在业务员的职责范围内，江鸟物流和易盛玖业务员从法律上来讲并不属于一家公司，客户在通过江鸟物流配送的过程中出现的问题原本与易盛玖的业务员没有关系，但客户并不会这么想，在客户看来，江鸟物流和易盛玖是一家，无论哪个环节出现问题，都会对易盛玖和江鸟物流同时产生负面的看法。闫鸿志正是深谙这一点，才在这一流程上进行了优化，由业务员承担更多的责任，让客户不再操心。

不仅仅是送货单，江鸟物流的整个流程都将客户体验做到了极致。在其他的物流公司，收费往往是分门别类，分拣费、仓储费、退货费等，都需要客户单独支付；但在江鸟物流，所有的收费项目会整合成一个总数，客户只需要支付一次，总款项由江鸟物流的各个部门再去分别核算抽取。在其他物流公司，客户交货之后，还需要与仓储、财务、配送等各个部门分别沟通、时时追踪，才能保证货品准时、正确地到达；但在江鸟物流，只需要将货送到，将送货地点交代清楚，就不需要再操心了，剩下的各个环节都由江鸟物流来处理。在其他物流公司，还会有许多限制条件，比如要将货分门别类地装好、写好单子，在规定时间内（一般是晚上 8 点前）送到指定的位置，这样的规定其实是可以理解的，可以避免送错货、送货迟到等情况发生，但冷冻食品不比其他货物，每天都要随时分装，下午 6 点才停止接单，很难在物流公司要求的时间内分装完成，在没有成立江鸟物流之前，易盛玖就时常为此苦恼，所以在江鸟物流成立后，在这方面基本不对客户进行限制；江鸟物流是少有的 24 小时服务的物流公司，为的就是给肉食品经销企业提供时间上的方便。

不仅如此，有时遇到初入行的客户，江鸟物流甚至会教客户处理各个流程和环节的问题。有个客户，总部和生产厂都不在北京，初入北京，对北京的所有检疫手续一概不知，对超市的交货流程、机场提货流程等也通通不懂，但是他们的配送选择了江鸟物流。易盛玖对这方面的流程和手续非常熟悉，于是，江鸟物流的冯海山总经理手把手地带着客户梳理检疫手续、交货和提货流程，客户遇到问题都会打电话来咨询："能不能帮我看看这检疫票合不合格？""我们的人去机场提了两次货都没提出来，怎么办？"冯总经理都十分耐心地帮助客户，甚至派了专人去机场帮客户提货。其实，与这位客户合作最开始的时候，江鸟物流甚至都没有要求客户先付费，"我们先给您送着，费用以后再谈"。显然，这样的服务对江鸟物流来说一开始肯定是不赚钱甚至赔钱的，可是帮助客户成长、让客户在北京发展起来，也是在给自己培育新客户，长期来说还是划算的，牺牲暂时的利润不要紧，在客户还不够强大的时候帮助客户，等客户强大起来，也一定不会忘记江鸟物流。

除此之外，还有非常典型的首问责任制。每一位客户接入之后，都有唯一的客户负责人。一旦客户遇到麻烦，都由负责人全程负责解决，不管是不是在自己的负责范围。闫鸿志对员工这样说："我们内部可以复杂一些，多承担一些工作，但对外部的客户来说一定要简单，简单到客户只要打一个电话就能解决问题，不管电话打给我们公司的哪个人。我们内部可能会因此多做一些工作，因为要去找相关人员、协调各部门的关系，但这不是最重要的，最重要的就是让客户觉得简单，才是最好的。"

江鸟物流从不主动给客户设置限定条件，不给客户带来麻烦，最重要的服务原则就是以客户为中心。江鸟物流给每个客户都建立了单独的微信群，将每天的送货情况及时主动地反馈给客户。

江鸟物流是易盛玖的附属公司，所以很多客户都是易盛玖的业务员的客户，易盛玖的业务员也会参与到物流客户的服务中来，尤其是有超市客户的业务员，他们往往从凌晨两三点钟开始，就会不停地接到客户的求助电话，帮客户和物流配送经理解决配送过程中出现的问题。谁也不愿意在熟睡的时候被吵醒，况且业务员们白天的工作就十分忙碌和奔波，晚上也时常加班见客户，夜里还经常被电话吵醒处理紧急事件，着实不容易。但这就是易盛玖业务员的真实生活。

江鸟物流的许多客户都向闫鸿志表示过："你们的业务人员真牛，配送解决不了的问题，他们都能解决。"这是客户发自内心的夸赞，有了这样的夸赞，闫鸿志觉得一切都值了。

有付出就有回报。正是这样超出客户预想的服务和一流的战斗力，使得江鸟物流特别受客户的欢迎，在成立仅一年多的时间里，就有不少客户慕名而来。不仅是江鸟物流，在超市冻品供应商里，易盛玖绝对是知名企业，许多肉类品牌初入北京市场，也把易盛玖作为首选代理合作商，与易盛玖合作的客户也往往都能长久合作下去。

第八节 对得起客户，才能对得起股东

客户、易盛玖、股东组成了一个生态系统，股东为易盛玖提供资金支持，易盛玖为客户服务获得利润，并回报股东。所以，只有服务好客户，才能维持这一生态链条的完整，让股东获得回报。

有的时候，易盛玖并无老板和员工之分。闫鸿志也切过羊肉、卸过货、当过送货司机，其他的中高层管理人员更是如此。在有明确分工的时候，老板做老板的事，员工做员工的事，但是遇到困难的时候，大家就会一起上，目的只有一个：把客户维护好，把公司的事做好。

1. 全体下车间切羊肉片

有一年，客户订了易盛玖一大批羊肉片，要货时间很急，可车间人手不够。如果不增加人手，仅靠现有的生产力，没有办法按客户要

求的时间交货。

好在易盛玖这些中高层管理人员都是从基层工作做起的，连闫鸿志和他的妻子咸玉艳在内，切羊肉都不在话下。“我是公司一块砖，哪里需要哪里搬。”公司有需要、客户有需要，这就是最高命令，所有会切羊肉的人，不论职位，全部下车间。

咸玉艳至今回想起那时的场面，都会动容：“所有人都投入一线，在工人的工位上埋头干活。因为客户的要货量实在太大，我们这么多人也得加班加点才行，每天只休息三四个小时，其余时间全部用来切羊肉。更让人感动的是，因为家属区就在工厂附近，所以家属们也来帮忙，给我们做饭、熬汤、送吃的。那时的场景，我相信所有经历过的人都会记一辈子的。”

2. 董事长夫人去卖场当促销员

你见过董事长夫人去超市卖场当促销员吗？

咸玉艳作为闫鸿志的妻子，多年来一直在易盛玖财务部工作，但这只是工作节奏正常的时候。一旦销售旺季来临，很多部门的员工都会临时被调动去其他部门帮忙，连咸玉艳也不例外。

促销一般都在节假日和周末，每到这时，只要公司需要，大家都会主动放弃自己的休息时间，担当起一线促销员的工作。站在卖场展位上吆喝、向客户推荐产品、发传单，这一切其实对于像咸玉艳这样平时只是坐在办公室里对着电脑工作的人来说非常不容易，咸玉艳说：“感觉张不开口，不好意思喊出来。”但他们没有因此退缩，也没有因为这不属于自己的工作范畴而抱怨，他们甚至刻意训练自己，咸玉艳说：“练习一下之后，也就觉得没什么了，万事开头难，只要第一次张开口就好了。”

对于“董事长夫人去当促销员”这件事，咸玉艳觉得没什么：“大家都是这样的，不会因为你是什么身份而有任何差别，公司就是我们的家，为了家变得更好，我们做这些都很值得。”

3. 54岁的采购经理还要卸货

在北京的西南郊，有个肉类市场交易大厅，那是北方最大的肉类交易市场，也是全国的肉食品集散地。易盛玖有专人负责在这个市场的采购工作，那就是咸保生。

易盛玖的采购经理咸保生50多岁了，作为负责人，年纪又大，不做体力活也无可厚非。可易盛玖人一直秉持这样的信条：公司第一，个人第二，有需要就上，不分职位，不分年龄。

2014年5月，54岁的咸保生和库管人员一起装车发货，货车有一米多高，咸保生毕竟年纪大了，身体协调性比不得年轻人，下车的时候，一不小心摔了下来，膝盖韧带拉断……

说到卸货，闫鸿志也卸过无数次，闫鸿志自己的腰不好，就是因为年轻的时候卸货太多，腰部受到了损伤。行政总监曹刚也是如此，他同时也是江鸟物流的董事长，物流更是经常需要半夜装货、卸货，只要需要，曹刚就和大家一起干，不分白天黑夜。

易盛玖有明确的分工和完整的企业架构，但只要公司需要，大家就一起上，不分你我。这并不是靠制度约束，而是完全自发的行为。这是因为大家都把易盛玖当成自己的家，易盛玖的事就是自己的事，易盛玖的客户就是自己的客户，大家的一切努力都是为了让易盛玖更好。在易盛玖，不是一个人在奋斗，也不是几个人在奋斗，而是全体员工一起奋斗。

只有对客户负责，客户才会愿意跟公司合作。有合作才有订单，有订单才有生意，有源源不断的生意，公司才能发展得更好，公司发展得好，股东才能获利。对股东负责最好的方式，就是将公司做得更好，将客户维护好。对得起客户，才能对得起股东。坚守企业道德与良心，在客户服务上不断自我完善，就是对股东感恩的具体体现。

第七章

私企中的“国企”

第一节　稳定的公司管理层

乔志霞，易盛玖总经理，1998 年 9 月加入草原兴发北京分公司，后随闫鸿志一起创立易盛玖，至今 19 年；

曹刚，易盛玖行政总监、江鸟物流董事长，2000 年毕业后加入草原兴发北京分公司，后随闫鸿志一起创立易盛玖，至今 17 年；

周显山，易盛玖财务总监，1998 年毕业后进入草原兴发，2003 年来到草原兴发北京分公司，后随闫鸿志一起创立易盛玖，至今 19 年；

高凤山，江鸟物流副总经理，1996 年加入草原兴发，后随闫鸿志开拓北京市场，并一起创立易盛玖，至今 21 年；

李向春，易盛玖销售经理，2000 年毕业后加入草原兴发北京分公司，后随闫鸿志一起创立易盛玖，至今 17 年；

王占荣，易盛玖伊利牛奶项目部负责人，1998 年加入草原兴发北京分公司，后随闫鸿志一起创立易盛玖，至今 19 年；

董铭钢，易盛玖总经理助理、江鸟物流副董事长、易盛玖 4G 信号塔项目负责人，1998 年加入草原兴发北京分公司，后随闫鸿志一起创立易盛玖，至今 19 年；

初海波，易盛玖采购部经理，1998年加入草原兴发北京分公司，后随闫鸿志一起创立易盛玖，至今19年；

冯海山，江鸟物流总经理，2006年易盛玖成立时加入公司，至今11年；

咸保生，易盛玖采购负责人，2000年加入草原兴发北京分公司，后随闫鸿志一起创立易盛玖，至今17年；

杨晓毅，易盛玖天津分公司负责人，2000年加入草原兴发北京分公司，后随闫鸿志一起创立易盛玖，至今17年；

李明泽，易盛玖河北分公司总经理，2001年加入草原兴发北京分公司，后随闫鸿志一起创立易盛玖，至今16年；

韩勇，江鸟物流仓储部经理，2001年加入草原兴发北京分公司，后随闫鸿志一起创立易盛玖，至今16年；

马金城，江鸟物流配送部经理，2007年加入易盛玖，至今10年；

……

不难发现，在易盛玖，90%以上的中高层管理人员，都在易盛玖团队工作超过十年之久。

很多年轻人都喜欢找份稳定的、有保障的工作，因此，国企、政府机关、事业单位等成为大家口中常说的金饭碗，每年的公务员考试，应届毕业生都趋之若鹜。相比之下，私企不稳定、工作压力大、福利待遇差，导致员工往往待不长久，大部分私企的人员流动很频繁，员工在一家公司待上两三年就算老资历了。可在易盛玖，待10年以上才算老员工，管理层的稳定性极强。

易盛玖即使偶有人员流动，也多是出于家庭原因等离开的，比如离开北京回老家发展、恋爱和结婚等。这么多年来，从没有员工出现过财务问题，也没有出现过业务员把业务和客户带走的情况。就算离开了，很多人再回北京的时候，也喜欢回到公司里看看老同事们，像家人一样聊聊天。

是什么原因让大家死心塌地地留在易盛玖？他们这样说：

乔志霞："我们在这个团队里生活得特别快乐。这是一个积极向上的团队，每个人的努力都不会白费，只要努力了，就会被肯定，就会有回报。而且，我们大家的关系特别好，不会有耍心机、'穿小鞋'这种事发生。遇到困难的时候，大家都愿意伸手帮一把。公司需要的时候，包括闫总和咸姐在内的所有人都会冲到最前线。我们彼此照应，一起进步，是真正的一家人。"

曹刚："我们同事间人际关系特别简单，大家都是赤峰人，很多从刚毕业起就一起工作，相互间从不背后拆台、藏奸耍滑。而且，闫总为员工考虑得非常多，不仅骨干员工都有公司的股份，而且连员工家里孩子有没有人照顾都会考虑到。公司也非常慷慨，能让大家享受到的福利待遇都尽量让大家享受，再加上我们很多员工是夫妻双方都在公司里。"

杨晓毅："我为什么愿意一直留在这里？其实原因也挺简单：一个是公司给我的薪资待遇让我很满意；再一个是跟着闫总让人感觉心里舒畅。闫总为我们考虑得很多，在生活上照顾得也很周到。前几年我家里有点事，闫总知道了，主动找到我，跟我说，晓毅，你的事儿我了解了，如果钱能解决，咱就一起用钱解决，我给你出。我们和闫总已经不是单纯的上下级关系，更多的是一种亲情。我们这些兄弟十多年来都在一起，不想分开。"

周显山："人这一辈子也就工作三四十年。只要跟对领导，工作就会比较顺利。闫总是个好领导，给大家提供了这么好的环境和机会，我真的不愿意走。闫总做易盛玖并不是为了自己，他完全可以更轻松地赚到更多的钱，但是他为了自己心里对我们的那份责任成立了易盛玖，对我们这么慷慨和照顾，我们私底下都叫他'闫哥'，也愿意跟他一直走下去。况且，我们公司虽然不大，但十分规范，从架构上讲也十分完善，我看好我们公司的发展。”

董铭钢：“闫总的人格魅力和对我们的恩情就不必多说了。其实很多风投愿意给我们投资，但闫总坚持走稳，为的是给我们公司入股的股东和员工们更好的回报。这些年来，公司不论是福利还是培训都做得非常到位。每年的年会上，闫总都会直接从自己的原始股份里拿出一部分，赠给先进员工。不论是稳定性，还是福利待遇，还是工作环境，我们公司都是极好的。人这一辈子，如果没有能力自己创业、领导别人，那就选择跟着一个有魅力、有能力的领导，就不会错。这些年来，闫总苍老了许多，他能够用这么宽广的胸怀对待我们，实在是太难得了。”

韩勇：“同一份工作做了十多年，也不能说从没有厌倦过，但庆幸的是一直能得到闫总的认可，就让我觉得有价值。把简单的工作做好就不简单，把平凡的工作做好就不平凡，这是闫总说的，我十分赞同，也很感动闫总对我们团队每个人的关照，有这样一个好领导和熟悉、放松的工作环境，我很知足。跟着闫总干，让我觉得有奔头。”

……

马云说，员工的离职原因林林总总，只有两点最真实：一是钱没给到位；二是受委屈了。但这些归根结底就一条：干得不爽。员工临走还费尽心思找靠谱的理由，就是为了给你留面子，不想说穿你的管理有多烂、他对你已失望透顶。而从这么多易盛玖管理人员的话里不难看出，他们愿意一直留在易盛玖，也就是两个原因：一是钱给得到位；二是心里痛快。

第二节　一次让人记忆深刻的罚款

每一个易盛玖人都觉得做易盛玖的员工是幸福的。

正如父母不会放弃自己的孩子，易盛玖也不会轻易放弃自己的员工，这么多年来，易盛玖几乎没有开除过员工。员工在这个岗位上不合适，公司会考虑给他换个岗位，而不是直接把员工辞退。员工在原岗位上做得不好，一般来说都是因为做得不合适，如果仅仅因为不合适就辞退员工，在闫鸿志和曹刚看来，这是不对的。公司有多种岗位，也应该给员工提供多个机会，帮助他们找到适合自己的岗位。“在我们公司工作了这么久，把青春和最重要的成长阶段都留给了公司，如果最后什么也没得到，那是我们把人家给耽误了。”曹刚这样认为。

做得不好是有原因的，比辞退员工更重要的是找出原因并解决问题。如果放任员工或者辞退员工，使员工在易盛玖既学不到东西也赚不到钱，那不就是把人家耽误了？员工在公司，就是要生存和发展。闫鸿志认为，公司有责任帮员工赚到钱和成长起来。

同样，易盛玖也很少处罚员工。但少归少，并不等于没有处罚。

行政总监曹刚是个待人极好的人，但同时又是个极为公正的人。对曹刚来说，面对公司的规定，不论是董事长、总经理，还是业务员、促销导购员，抑或是对他自己，一律一视同仁。处理任何事务，处罚、表彰或是考勤，曹刚的出发点和立场永远是公司，而非任何个人，私交也好，职位也罢，都不能影响他的工作。这样的工作态度恰恰是公司最需要的，也是闫鸿志最赞赏、同事们最佩服的。财务总监周显山和总经理助理董铭钢就被处罚过。

事情是这样的：

无规矩不成方圆，一个公司再人性化，该有的制度却一项也不能少，易盛玖有严格的管理制度，其中，就有这样一项制度——公司所有管理人员，都要每天汇报自己的工作，公司会不定期检查。

可能加班加到很晚忘记了，或者一时疏忽了，总之，那天周总监和董经理都没有做工作日报，被闫鸿志抓了个正着。其实，他俩并不是没有工作，只是忘记了写日报。但制度就是这样规定的，没写就是没写，该罚就得罚。闫鸿志接着就通告批评了他俩，并且按规定罚款。

虽然被罚款，但是两人心服口服。公司要正常运转，就要有规范，任何人触犯了公司的规定，就应该受到惩罚，自己是高层管理，更应该以身作则。从那以后，两人也真的接受了教训。这次处罚让周显山印象深刻，周显山说："从此我就记住了，就算陪客户喝酒喝到很晚，喝多了、喝醉了，我也得坚持写工作日报，该做的工作必须要做。"

自从两位管理层人员因违反"按时写工作日报"的规定被罚款之后，公司就再没有人因为违反这一项规定而被罚款了。易盛玖确实很少处罚员工，就在这少数被处罚的例子中，管理人员还占了大部分，职位越高越要严格要求自己。

制度必须要有，在制度面前，大家一视同仁。易盛玖虽然有着严格的工作制度，但这种严格又不失人性化。职位越高，越应该做出表率，没有人拥有特权，所有人都是平等的。但是对于普通员工，易盛玖又适当多了些宽容和理解，在制度与人情味之间，做出了很好的权衡。

第三节　国企做不到的，易盛玖可以做到

每个行业都有自己的圈子，易盛玖所在的肉食品商贸圈其实并不大，业内就那么几家公司，其他公司有人这么评价易盛玖：“你们比国企还国企。”为什么这么说呢？

1. 假期比国企还长

易盛玖实行周末双休。对一个商贸类的公司来说，双休真的不容易，但易盛玖做到了。不仅国家的法定假日一天都不少，而像春节这种长假，易盛玖往往从腊月二十六就让大家休假了，除了仓储、物流等这些必要的部门需要值班外，其他人员一律正月初十上班。春节法定假期是一周，而易盛玖却给大家放了整整半个月的假，每年的腊月二十六，很多人还在翘首期盼假期的时候，易盛玖员工的年假就开始了。

对那些春节期间必须值班的员工，节后也会延长假期作为补偿，最多能延长到一个月。由于工作需要，仓储和配送部往往要到除夕才能放假，公司担心晚放假的员工来不及赶回家过年，所以每年都会找专车将他们免费送到老家，假期最后一天再接回公司。而且，凡是春节期间的留守员工，公司都会额外再给一个大红包。这一点，有多少企业能做到呢？

不仅如此，在诸如上班时间这种细节的设计上，易盛玖都会充分考虑员工的需求。大部分员工都成了家有了孩子，早上大多要送孩子上学，为了方便大家送孩子上学，易盛玖取消了每天一次的晨会，改为每周一次，而且，不开晨会的日子里，上班时间都后延半小时。看上去，这只是一件小事，但在易盛玖，这样的小事太多了。

2. 请假比国企灵活

行政总监曹刚说："在我们公司，员工请假基本都会批准。我们相信谁也不会无缘无故地请假，该给大家提供方便的时候就要提供方便。"所以说，在请假这方面，易盛玖宁可牺牲一部分公司利益，也要帮助员工解决个人的问题。

对此，王占荣经理分享了他自己的故事：

1998 年我就加入了我们团队，在 2014 年之前，我主要是负责商超。2014 年 3 月，我爱人要考注册会计师，可家里孩子小，没人带。无奈之下，我找到闫总，提出辞职。其实在 2001 年的时候，我因为母亲生病，就请过 40 多天的假期，那时候闫总二话没说就准了，还自己掏钱让我给母亲治病。我实在不好意思再因为个人原因给公司添麻烦，只能辞职。可是闫总说，你请假就好，忙完了再回来。我走的那天，闫总还请我吃饭欢送我，并一再强调，只是请假，不要离职，忙完再回来。可我这一请假，就请了7个月，到2014年国庆节期间，我爱人注册会计师考完了。公司的商超不能没有负责人，这期间早就有同事顶上去了，我不能给自己要岗位，但又是个闲不住的人，那时真的不好意思回来。闫总知道后，又专门打电话邀请我，并让我负责公司的伊利牛奶项目。我和团队的同事们都是多年的朋友、兄弟，闫总这样真心实意地让我回来，我确实很感激他。闫总对我们，真的是无可挑剔。

3. 优秀员工直接赠股份

易盛玖有一名优秀员工，叫刘秀英。最初，她只是一名商场导购员，后来转到卖场做促销员，因为销售业绩好，又成为易盛玖团队的一名业务员。她是个十分敬业的女孩子，作为业务员，有时候赶上代理品牌结案，需要大量收集照片、整理票据和数据，为此她经常工作到凌晨。她又是个十分爱钻研的人，刚开始，她对销售工作并不十分熟悉，但她不气馁也不怕吃亏，自己主动研究学习，甚至去揣测买方的年龄、喜好、说话风格等，很快就成为专业的业务员，她开拓的客户也维护得非常好。她的上司乔志霞说："有秀英这样的员工，我觉得特别幸福。一点就透，总能把工作完成得超乎我的想象。"后来，刘秀英被评为易盛玖优秀员工，闫鸿志赠予她公司股份，她也成了易盛玖股东之一。

像刘秀英这样获得公司股份的员工，在易盛玖并不少，他们有的是重点岗位员工，有的是一线业务员，还有的是门店销售员。从2006年易盛玖成立开始，就设立了一个奖项：优秀员工赠予原始股份，且所赠股份直接从闫鸿志自己的股份中剥离。近十年来，易盛玖已经陆续赠予了十多名优秀员工股份，单就业务团队来说，2/3 以上的员工都是公司股东（不包括促销员和导购员），这些股东不一定是管理人员，他们可能就是在普通岗位上的普通员工，只要他们为公司做出贡献，就可以获得股份。

4. 感恩股东，更灵活的退股和转让方式

易盛玖的大小股东都对易盛玖十分信任，闫鸿志也很感恩大家的信任，带领着易盛玖全体员工努力拼搏，争取给股东们最大的回报。

给股东的回报包括两个方面，其一当然是分红，让股东有钱赚是最基本的。其二，当股东遇急的时候，与他们有难同当，则是对股东更大的回报。尽管公司章程里规定股份只能转让不能退出，但是在实际执行中，难免有的股东遇到财务困难的情况，如果股东急需钱，闫鸿志从不用公司章程为难大家，很多时候，他自己花钱将股东的股份买回来："在咱们需要帮助的时候，人家帮助了咱们，现在人家需要帮助了，咱们也不该为难人家。"有的小股东家里人生病了急需钱，闫鸿志会帮忙牵线搭桥将他们的股份转让出去，闫鸿志说："易盛玖是他们的依靠，他们需要我帮助的时候，我有多大能力就会用多大能力。"

闫鸿志认为，帮助股东是责无旁贷的，这份帮助并不局限于股份和资金，而是一份情谊。他们中任何一个人有需求，易盛玖和闫鸿志都该尽最大的努力去回报和帮助他们，让他们知道选择易盛玖没有错。尤其是那些持有易盛玖股份的员工，对他们来说，来自易盛玖的薪酬

和分红可能就是他们家庭大部分甚至全部的收入来源，他们将自己的金钱、信任、时间和精力全部给了易盛玖，易盛玖当然也要从薪酬、福利、制度等各方面来回报他们。

5. 易盛玖对员工浓浓的情义

每年夏天，易盛玖都有一次员工聚会出游活动，闫鸿志带着他的管理人员、财务人员、业务人员还有他们的家属自驾出去游玩。这些人中，闫鸿志每年都要特别关照一个人：河北分公司经理李明泽。

李明泽的妻子是一位教师，在家乡内蒙古任教，孩子也跟着妻子在内蒙古读书，而李明泽却长期在北京、河北两地工作。一年算下来，只有寒暑假期间能相聚，一家人聚少离多。闫鸿志觉得，这样的聚会出游，如果李明泽的妻子和孩子不能参加，就太遗憾了。所以，每年的出行时间，都会先征求李明泽妻子的意见，如果她在初定的时间来不及赶到，闫鸿志就把时间再往后延，尽可能地让李明泽一家团聚。

闫鸿志说："当年，李明泽的父亲把他托付给我，这么多年来，他给公司做了很多贡献，可他和家人团聚的时间那么少，十年里可能只有两三年是团圆的，十分不容易。"

在草原兴发的时候，闫鸿志作为总经理，从 1997 年开始公司总部就给他配了专车和专职司机。创建易盛玖之后，闫鸿志其实并不想继续给自己配专职司机，在他看来，公司的每一分钱都是股东的，一个初创公司实在没必要配司机。可是，自己成立易盛玖，就是为了带着大家开创一份事业，如果把司机辞退了，就有违那份初衷了。所以，在易盛玖成立最初的几年里，闫鸿志仍然有专车司机。但有趣的是，他的司机从来不负责送他回家。“司机送我回家，自己开车走，第二天再开车来接我，没有必要。”所以，即使有司机，他的司机也只负责送闫鸿志出去办事，而从不负责送他回家。后来，那位司机因为要回老家照顾家里的老人和孩子，就离开了北京，从那以后，闫鸿志自己开车出去办事，再也没有设过专职司机的岗位。

易盛玖是个有情有义的公司，同事之间就像兄弟姐妹，谁家里有事了，只要招呼一声大家都很乐意去帮忙，特别像结婚、生孩子这样的事，同事间的帮忙、捧场都是少不了的，领导更是一定会出席。谁家里有困难或者需要用钱的时候，闫鸿志都会主动掏钱，“兄弟需要帮忙，我肯定要援助援助”。所以这么多年来，大家也一直对闫鸿志不离不弃。

一个人要工作，他工作的最基本目的是赚钱生活。一个公司能带着大家赚钱，让大家看到希望、踏实稳定、过上好日子，那就是个好公司。每一个易盛玖人都十分努力地工作，因为他们知道，易盛玖的现在和未来、易盛玖赚的每一分钱，都和自己息息相关，易盛玖的每一个人都是自己的朋友、亲人。

第四节 去而复归的易盛玖员工：还是易盛玖好

在对员工的福利待遇上，比起其他类似规模的民营企业，易盛玖员工的稳定性高到令人难以置信。但企业总会有人离职，更何况，年轻人常有“闯荡天下”的雄心壮志。虽然数量不多，但易盛玖也免不了有离职的员工。可神奇的是，他们中不少人，去外面闯荡一番之后，又回到了易盛玖！

易盛玖现副总经理初海波就是其中之一。初海波是原草原兴发北京团队的成员，当年草原兴发重组、易盛玖成立之时，由于草原兴发也急缺人才，思考之下，初海波留在了草原兴发，负责北京、天津、河北的市场。再后来，初海波离开了草原兴发，又先后加入过其他几家公司，在这期间，初海波并没有失去和闫鸿志的联系，他们时常坐在一起喝杯咖啡、聊聊天。兜兜转转之后，他发现，还是原来的团队好。他想念当初的团队和兄弟们，提出想要回到易盛玖团队。闫鸿志欣然应允：“易盛玖的大门，对这些弟兄们永远都是敞开的，欢迎你回来。”

2011年，初海波重新加入了易盛玖团队，主要负责采购部门的工作。他工作十分出色，2014年升任易盛玖副总经理，同时负责天津、河北等地的多项工作。

去而复返的员工并不止初海波一人，李灵涛也在其中。和初海波一样，当初草原兴发北京分公司就地解散、易盛玖成立时，年轻的李灵涛决定出去闯闯，但过了几年，同样发现还是易盛玖最好，于是毅然回到了易盛玖。

其实，离职的员工去而复返是很少见的，不是有相当大的吸引力，一般员工不会选择回到原公司。这恰恰说明了易盛玖对员工的吸引力，在员工离开易盛玖去别的公司亲身体验对比之后，还愿意再回到易盛玖，足见易盛玖的魅力。反过来讲，很多公司也不愿意接受离职再回来的员工，但易盛玖的大门却永远对他们敞开，可见易盛玖掌门人闫鸿志的胸襟和气度。

第五节　司机：给江鸟物流干活绝对放心

易盛玖团队对员工的吸引力不仅体现在离职员工的去而复返上，甚至某些在行业内司空见惯的“灰色地带”，在易盛玖团队都不存在，闫鸿志希望团队的每一个人都能被公平、公正地对待。

每个公司都有自己的管理框架，在初创时期，一个公司的管理框架就要开始成型，其后再不断完善。易盛玖下属的物流公司江鸟物流创立时，闫鸿志集思广益，也立下了几项绝不可违反的铁律，其中有一条最为少见：严禁物流公司外部（主要指加盟的司机）或下属请物流公司上级领导吃饭、送礼，严禁物流公司的任何员工吃拿卡要。

请领导吃饭、请客送礼，在中国这个人情社会是多么司空见惯的事，不请客、不送礼反而被很多人视为愚钝。

江鸟物流的冯海山经理多年来也经常需要送货，他就深受其苦。自己送货送到超市仓库，停车后要做的第一件事不是卸货，而是拿起笤帚打扫卫生，把超市收货部的地面清扫干净，对方才允许他卸货，否则就拒收。

若是遇到不负责的收货员更是麻烦。有一次，冯经理送一车货给某超市，送到后，他客气地跟收货员说：“兄弟，麻烦把这车货收一下。”

“等一会儿。”对方爱搭不理地说。

冯海山深知这些人的作风，只得乖乖地等了一会儿，而那位收货员就清闲地坐在一边抽烟。一根烟抽完了，竟丝毫没有动弹的意思。

冯海山没法子，货品都是冷冻的，时间一久温度升高，货品的质量就不能保证，对方没有收货，损失全是自己的。他给对方递了盒烟，再次耐心地问道：“兄弟，你再抽支烟，抽完把这货收了吧！”

没承想，对方竟破口大骂：“让你等一会儿！等一会儿！”一边骂，一边顺手把冯海山递过去的烟揣进了兜里。

一包烟搭上还得罪了对方，后来别家也来送货，收货员先给别家收了货之后才给冯海山收货。原本十来分钟就能办好的事，硬生生拖了一个多小时。

类似的事情非常多，甚至有的司机为了送货顺利，还要先给超市收货部的十几个员工买早点。送好货之后，还要替超市员工把货摆到货架上，让大家苦不堪言。

改变不了行业风气，就从改变自身做起。就物流公司的司机岗位来说，是有内部司机和外部加盟司机之分的，一层层下来，如果存在灰色链条，那吃回扣、走后门、行贿收礼的现象会非常严重。江鸟物流有明确规定，公司上下任何员工，上至董事长、总经理，下至库管，严禁吃拿卡要、以权谋私、设置障碍。任何人都有权利对此类行为进行举报，查证之后，对违规者严厉处分，并保护举报者不被报复，还会给予举报者现金奖励。上级可以请下级吃饭，这算慰问员工，甚至可以报销；但如果下级请上级吃饭，那就是违反规定将会受到严处！

听起来似乎有点不近人情，也不符合我们这个社会的既定习俗，但此规定一出，却从根本上制止了那些吃拿卡要的行为，尤其受物流公司司机们的欢迎。一传十、十传百，江鸟物流在业内司机中的口碑迅速上升，大家都说：“给易盛玖的江鸟物流公司干活我们绝对放心！”

要知道，这些司机们最头疼的就是干了活不结账。活干完了，一个月不结账，两个月不结账，三个月仍然不结账，到了第四个月，就不得不请领导吃饭、唱歌、送礼，才能把账结了。司机们一肚子火，却又毫无办法。司机的工资看似不低，但实际上，排除各种回扣和水分，剩下的寥寥无几。江鸟物流这项规定彻底解决了他们的困境，该多少收入就是多少收入，一分钱都不会打折扣。

司机在物流公司里可能是最基层的员工，他们到处受气，敢怒而不敢言。这样的基层员工是公司里的弱势群体，他们很少发声，而且人员流动又大，往往得不到公司的重视。能重视并解决这些底层员工的需求和不公平现象的领导才是真正精明的领导。只有站在更高的视角，踏踏实实做事，和每一个上下游的合作伙伴都真诚相处，自己的生存空间才会越来越大。闫鸿志和易盛玖的高管们是这样认为的，也是这样做的。

第六节 感恩成就易盛玖

有一种情感，在易盛玖每个人的言谈举止中都能很明显地感受到，那就是感恩之情。

1. 闫鸿志：感谢大家对我的不离不弃

在闫鸿志的内心深处，其实一直有一份深深的感激之情存在。

当初成立易盛玖，实在是不得已而为之。刚成立的易盛玖什么都没有，只有一个战斗力强且十分团结的团队。其实，作为草原兴发的员工，即使公司就地解散，大家也同样可以出去再谋一份工作，可是他们没有，绝大多数人选择了相信闫鸿志，而且很多人愿意拿出自己仅有的积蓄购买易盛玖的股份，愿与易盛玖共荣辱。

当闫鸿志下令砍掉草原兴发所有产品的时候，公司几个月内的业绩是必然受影响的，大家的收入也跟着受影响，可是谁也没有质疑过闫鸿志。即使在这样的时候，大家依然选择无条件服从闫鸿志的安排。

大家的不离不弃与绝对信任，让闫鸿志牢牢地记在心里。那些在艰苦年代和他一起打拼过来的兄弟们，十数年如一日地追随他，他一定要带着大家过好日子。易盛玖不是自己一个人的，是大家的易盛玖。

易盛玖存在的初衷，是给团队的兄弟们谋福祉。不为赚大钱，为的是踏踏实实地赚钱，安安稳稳地生活，所以要做个良心企业，要做个百年企业，要做个家一样的企业。易盛玖赚的钱，首先要回报给团队的每一个人，用培训来让大家成长进步，用股份、奖金和提成来直接奖励大家的贡献，用聚会、惊喜来温暖大家的心，用管理细节上的无微不至让大家更舒心。

2. 员工：感谢闫总和公司对我的帮助

谈及易盛玖，员工提起最多的一个词就是感恩。

董铭钢说："我们刚毕业加入草原兴发的时候，一个月工资才三四百元钱，那时候真的是身无分文，工作一年下来，一分钱都攒不下。但是自从2006年入股易盛玖之后，我们这些人的家庭经济条件就发生变化了。如今，我们大多数人都在北京买房了。"

乔志霞说："这些年来，公司的业绩其实一直在翻倍地增长，我们的团队也越来越壮大。当年我只是个小小的业务员，一步步得到今天这个职位。我的每一份付出，领导都能看到，都会认可。这是一个积极向上的公司，在这里我们能够看到希望，有希望就有干劲儿。因为我们都知道，只要努力奋斗，就会有回报。"

员工与公司的关系，其实是非常简单的，付出有回报、付出被认可、不受委屈就可以了。对于易盛玖的人性化管理和一般私企难以比拟的各项福利，以及闫鸿志对大家细致周全的照顾，每一名员工都有切身的体会。公司对我好，我就对公司好；公司为我考虑，我就追随下去。

3. 员工之间：感谢兄弟姐妹们

这是一个家一样的公司，公司里有一群亲如兄弟的战友。易盛玖人是幸福的，每天和一群家人似的同事在一起工作，不必疲于应付办公室的复杂人际关系。

易盛玖人的相处之道十分简单：就事论事，有话直说。在会议室里，意见不同可以争执到拍桌子，可一旦出了会议室，大家还是好兄弟，谁也不会在背后算计谁。上班的时候是工作伙伴，下了班就是最亲密的兄弟，一起吃饭、喝酒、聊天。谁家有点什么事，一声招呼，大家全来帮忙。

为什么易盛玖能这样？原因也十分简单：大家相互之间有一份浓浓的情谊。人与人的感情，必然是通过长时间的相处产生的。三年的相处是熟人，五年的相处是朋友，十年的相处是亲人，十多年的相处，这其中的点点滴滴都足以让人回味无穷。由这种亲人般的感情凝聚起来的团队，其力量是巨大的。这种力量冲破了常见的办公室钩心斗角的束缚，也冲破了普通朋友仅仅吃喝玩乐的局限，在工作中，在生活中，永远是这群人作伴。

没有感恩就没有易盛玖，正是感恩成就了犹如一个大家庭似的易盛玖。

第七节　在稳定中形成竞争，在竞争中追求稳定

一个平台，一群人，一件事，一个家，一辈子。

易盛玖是为这群易盛玖人而创建的。这群人在一起，要用一辈子的时间认认真真、简简单单地做好一件事。这确实是美妙的。

但是，也不得不意识到，市场竞争与时代发展是残酷和迅速的，这桩美妙的事也有一定的隐患存在。

首先是新员工难以融入的问题。易盛玖拥有一个令无数公司羡慕的凝聚力超强的团队，这个团队里大部分人都是加入团队超过 10 年的老员工。大家相处是那么和谐、融洽，但正是这份和谐与融洽，给新员工的融入造成了一定的阻力。

一方面，易盛玖其实并没有太多条条框框的明文规定，很多制度和说明都是约定俗成的，记在每个人的心里。可新员工加入之后，对这里约定俗成的规定和制度却都不甚熟悉，又没有细致的新人培训，以致刚刚加入时，自然会觉得融入团队有些吃力。另一方面，易盛玖团队的大部分人来自赤峰，说着共同的方言，而且有着数十年形成的感

情和许多共同的习惯。并非大家有意排外，或许当方言脱口而出的时候，新员工就已经感觉到自己是“外人”了，想融入这样一个兄弟般的团队，确实不是一朝一夕就可以的。更何况，新来的员工在情绪上更加敏感，老员工一些无意的小细节都会被新员工感受到并扩大，很自然地产生“我受冷落了”的感觉。再加上包括闫鸿志本人在内，私底下跟大家相处都十分随和亲切，但这对新员工来说，可能也会成为负担。新员工见到领导势必会紧张，工作时紧张，私底下也紧张；可老员工们只有在工作时紧张，私底下却十分轻松随意，这种轻松随意又会触动新员工敏感的神经，给他们带来更大的压力。总之，正是因为易盛玖团队的关系太紧密，造成了新员工的融入障碍。而一个团队的发展又离不开新鲜血液的加入，稳定是优势，也是劣势，过分稳定对公司的长期发展是有弊端的。不得不承认，随着人年龄的增长，其与时俱进的活力必然会衰减，一个有活力和创新力的公司，其平均年龄不能过大。公司要适应不断变化的市场和时代形势，就需要不断融入新思想、新观念，也就必须要有年轻人的加入。对易盛玖来说，这确实是个亟待解决的问题。

其次是福利太好而导致的竞争力不足的问题。在易盛玖，几乎没有辞退员工的情况发生，这充分说明了易盛玖对员工的情义，但不可避免的是，谁也不能保证招进来的每一个员工都是适合易盛玖的，不合适的员工存在于团队里，会拉低团队的整体发展。易盛玖团队的好福利是有目共睹的，假期长、各项管理人性化、老板又十分仁义，可以说只要进了易盛玖，就不用发愁生计问题。这时候，弊端就显而易见了，努力工作当然会收入更好，但不努力工作也不用担心吃不上饭，惰性强的人可能会选择混日子。反过来，相比较之下，这对于努力工作的员工来说也不甚公平，自己如此拼命地干活，与那些不努力干活的人比起来，也只是好了一点点，这会降低大家的工作积极性，导致团队的整体竞争力下降。

最后是团队太稳定可能导致新员工看不到发展前景的问题。易盛玖有着成熟的机构，虽然从人数上来看，易盛玖算小型公司，但是从公司架构上，却具有中等公司的配置，各部门设置非常完善，各岗位也都有十分优秀的负责人。俗话说，铁打的营盘流水的兵，对一般企业来说，无论高层、中层还是基层人员，流动性都比较大，人员的流动让员工看到了自己升职的希望。但是对易盛玖来说，稳定的管理层让员工看不到太多升职的希望。尤其是如今90后的年轻人，他们对工作的要求已经不仅仅是赚钱那么简单，他们希望得到更多的认可和尊严，努力工作或许可以赚到足够多的钱，但若没有他们觉得相应的职位匹配，也照样不会让他们满足，这时他们可能就会去寻找能得到更多认可和更高职位的公司。这也是易盛玖不得不面对的发展瓶颈。如今是个全民创业的时代，有点资源和能力的人都可以去自己注册公司、自己当老板，希望创造自己的价值，年轻人的创业热情更是高涨。不想当元帅的士兵不是好士兵，易盛玖要想吸引更多优秀的人才加入，就得给他们提供足够的上升空间。

易盛玖管理团队也意识到了以上这些问题，他们早已着手行动，在保持自己团队稳定性和凝聚力的基础上，增强内部竞争机制，帮助新鲜血液融入。

第一，对优秀员工给予股份和奖金奖励。每年，易盛玖在年会上都会表彰一批优秀员工，闫鸿志从自己持有的原始股中拿出一部分用来奖励这些优秀员工，最高奖励达5万股。目前，得到过公司奖励股份的员工不少于10人。而为了建立有竞争力的薪酬体系，闫鸿志更是做了非常多的探索，他先后尝试过以利润为主的薪酬模式、以销量为主的薪酬模式，以及以销量和利润做不同权重的薪酬模式，还有以KPI（关键绩效指标）考核为主的薪酬模式等。与国内不少大公司相比，易盛玖的薪酬体系要优厚得多。为了奖励特别突出的员工，易盛玖还计划实行上不封顶的年薪机制，取得多少成绩就拿多少回报。此外，销售部每年还要进行市场评比，按销售额的名次给予相应的奖励。

第二，易盛玖近年来先后发展了江鸟物流、伊利液态奶项目、联通移动基站发射站建设以及电商等多个新项目，给新人更多的发展空间。为了避免新员工难以融入的问题，每个项目除负责人之外，其他员工基本都通过招新来解决。一方面，以老带新，让新员工迅速适应易盛玖的工作环境；另一方面，有意识地在一个部门内部聚集新员工，新人与新人在一起相对容易相处和融合。

企业的发展总会面临各种各样的问题，不存在十全十美的企业。有问题并不可怕，可怕的是有问题而不自知。意识到问题的存在，就解决了问题的一半。在稳定中形成竞争，在竞争中追求稳定，是易盛玖孜孜不倦的努力方向。

第八章

和谐的大家庭

第一节 “闫哥”与“闫总”

闫鸿志在公司里有两个角色，在工作中，大家都尊敬地称他为“闫总”；而私底下，大家都亲切地叫他“闫哥”。

1. 不怒自威的“闫总”

平心而论，闫鸿志在工作中并不是个严厉的领导。正相反，熟悉他的人都觉得，他彬彬有礼，很有绅士风度，但这并不妨碍人家对他的“怕”。原本一屋子人叽叽喳喳，只要他一进来，所有人立刻噤声。

当然，闫鸿志也是个公私分明的人，私底下和大家再怎么逗乐，一到了工作中，立刻严肃认真起来，不怒自威。

很长一段时间内，闫鸿志自己并不知道大家对他的“怕”，直到有一天，闫鸿志的爱人对他说：“新来的员工找你的时候，在你办公室门口的走廊里来来回回地踱步，半天都不敢去敲门，都很怕你呢。鼓足勇气敲门进去见你，出来之后一般都长出一口气，喜滋滋地跟我们说闫总人挺好的，特别平易近人。”他才知道，原来大家都挺怕他。其实闫鸿志很少训员工，乔志霞说：“闫总对员工的管理几乎是溺爱型的，出了问题，他总会先检讨自己，即使是员工错了，他也不会当面指责，更多的时候是让员工自己认识到错误。”

员工对闫鸿志与其说是“怕”，倒不如说是敬重、敬畏。这种敬畏之情来自于对闫鸿志个人能力的了解和人格魅力的钦佩，是一种对长辈的敬重之情。即使是与他朝夕相处十多年的老员工也一样，打心底里敬重他，由这种敬重，自然地也会萌生一种畏惧。所谓不怒自威，其实是内在的正气使然。在闫鸿志身上，正是有这样一股能让员工明显感觉到的正气。

2. 有情有义的“闫哥”

私底下，大家都亲切地喊闫鸿志为“闫哥”，员工们都很喜欢“带闫鸿志一起玩”，出去聚餐，大家争先恐后地去和闫鸿志喝酒、划拳。易盛玖像个大家庭，闫鸿志就是大家长。他不仅操心公司的发展、带着大家赚更多的钱，还操心大家的生活。正如初海波所说：“团队这些兄弟姐妹们，大家在一起十几年了，一个个地从姑娘、小伙子到成家立业，人生大事一件一件完成，闫哥几乎每一件都要替我们操心。先帮我们买房、催着我们结婚，再催着我们生孩子，孩子上学、孩子的教育他还要时刻记挂着。”

闫鸿志对员工的关爱，是实实在在的。冯海山说：“2009 年我刚来北京的时候，不熟悉路线，有一次开车送货，不小心在路上翻车了。我给老闫打电话，他第一句话就是‘人没事就好，车不怕’，这么多年来，这句话我一直记着。”一个出了事故只关心员工有没有事，不心疼自己公司财产损失、不追究员工责任的领导，怎么会不受大家的敬重？

闫鸿志就像一个大哥哥一样，无微不至地照顾着大家的工作和生活。长期以来，大家都养成了一个习惯，遇到实在解决不了的困难就去找闫哥，闫哥一定会帮忙。买房子缺钱了，闫哥给掏钱；买车缺钱了，闫哥给掏钱；家里人生病了，闫哥给掏钱；孩子要上学了，闫哥还给掏钱。这么多年来，闫鸿志帮过的员工太多了。初海波说：“那年我父亲生病，闫哥知道后，直接拿信封给我包了5000元钱送来。像这样的事在我们公司很常见。”

若仅仅是有需要的时候掏钱，那也只能说是个慷慨的老板。闫鸿志做到的不止于此。乔志霞说：“让我印象最深刻的，就是当年闫哥给我们办的那场集体婚礼。那时候，我们还在草原兴发，团队也没有如今这么大，只有几十个人。我和我老公，还与我们团队另一对同事都快要结婚了，我们本想简简单单办一下就好，闫哥说不行，非要给我们好好办。那会儿我们穷，没有自己的房子，闫哥就让公司专门给我们腾出来两间宿舍做婚房；也没钱买家具，闫哥就借给我们钱，让我们一定要把该买的家具都买了；公司里就一辆车，不够，闫哥就亲自去给我们张罗车；不仅如此，闫哥还从公司总部请来了我们的董事长当主婚人，营销总监当证婚人，而闫哥自己去忙前忙后，反倒成了跑腿的。”反观今天，很多公司规定员工不准谈恋爱，否则一方必须离开公司，而易盛玖不仅不限制员工谈恋爱，反而鼓励员工恋爱、成家，只要不影响工作，两人在一个公司有什么不好？

在对员工的帮助上，闫鸿志往往是“不请自来”的：主动掏钱催着大家买房、买车、给孩子报艺术培训班等。只要闫鸿志觉得这个员工该买个房子安家了，他就给员工“下指令”：“该考虑买房了，××的房子不错，你去看看，钱不够的我给你补上。”现如今，大部分易盛玖的员工都在北京买了房子、有了孩子，很多员工的孩子也都在北京读书。大家都知道，遇到困难就找闫哥，闫哥一定会帮忙，所以他们生活得特别踏实。曾经有一个员工找到闫鸿志，提出辞职。闫鸿志问为什么，他说：“我媳妇说，我在这里工作不利于我的成长。”闫鸿志觉得很奇怪，自己明明很重视大家的学习和发展，怎么会不利于成长呢？小伙子回答说：“她说我对你太依赖了，她知道我要是缺钱了来找你，你一定会帮忙，所以我媳妇希望我自己出去闯一闯。”闫鸿志尊重了小伙子的选择。虽然辞职了，但每年他都会回来探望闫鸿志，跟闫鸿志聊聊天。

闫鸿志说：“他们跟着我这么多年，我虽然没能像马云一样把我的十八罗汉都变成亿万富翁，但是我得争取让大家踏实一点，到了该有车有房的年龄，就要有车有房，我要让大家生活得有尊严。”

闫鸿志终其一生的奋斗目标也不过是让企业好好地存活下去，让大家生活得有尊严一些。经营一个企业何其难，时时刻刻都如履薄冰，有的时候企业的发展并不以人的意志为转移，随时可能出现各种问题和困难，随时可能处于风雨飘摇之中，闫鸿志并不强求易盛玖发展得多快、多大，他要稳稳地走，稳住企业，稳住大家，带着这帮兄弟姐妹一起努力地生存和生活下去。

闫鸿志说：“有些孩子阅历尚浅，他们把全部精力都集中在了工作上，不知道什么时候买房，不知道该及时充电学习，也不怎么懂理财。我是他们的老大，他们不知道的，我要替他们知道，我要替他们了解国家的时政状况、经济形势、资本市场等，适当的时候给他们一些指导，必要的时候甚至用大哥或者家长的身份来要求他们，帮一帮他们。”

第二节　易盛玖就像一个大家庭

如果你向易盛玖的员工问这样一个问题：你觉得易盛玖的氛围怎么样？他们一定会告诉你：易盛玖就像一个大家庭。

我们经常在企业宣传中看到“以厂为家”“以公司为家”这类口号，但口号只是口号，又有多少企业能真正做到？要员工把企业当成家，首先要让企业成为一个家，把员工当成家人才行。这一点易盛玖做到了。闫鸿志把每一个员工都当成自己的兄弟姐妹，所以，易盛玖人就是一家人。

1. 有事大家一起上

易盛玖各部门之间原本有着明确的分工，但有的时候，又完全没有分工。这是怎么回事呢？原来，当某个部门、某项工作出现困难需要帮助的时候，所有人都乐意上来帮一把。

有一年的夏天，易盛玖要卸一批货，可那天天公不作美，忽然电闪雷鸣下起雨来。瓢泼大雨完全没有停下来的意思，大家发起了愁，到底是卸还是不卸？卸吧，非常烦琐，几十样单品、几千件货，满满的一大货车，要卸很久，而货车是敞篷车，一旦打开就没法防雨了，来不及卸的货很可能被淋湿。再说，这么大的雨让大家卸货也实在受罪。可不卸吧，超市正急等着这批货呢，实在耽误不起。思来想去，没办法，卸！整个大库的人一起上，专门有人负责拉起雨布遮雨，免得货品被雨水打湿。其中，有一位库管老大哥，快六十岁了，就一直站在雨里，撑着雨布的一角，一站就是三四个小时。这三四个小时里，他什么怨言都没有。雨一直在下，雨布不一会儿就积满了水，变得特别重，每隔一小会儿，他们还要把雨布上的积水倒下来。等到货全部卸完的时候，所有人都全身湿透了，分不清是雨水还是汗水。

易盛玖就是这样，遇到困难大家一起上，公司哪里需要就去哪里，不论是董事长还是总经理，需要司机的时候就全部当司机，需要搬运工的时候就全部去当搬运工，需要促销员的时候就全部去当促销员。在困难面前，没有人相互推诿，也没有人觉得这不是自己的本职工作就不管不问，公司的事就是大家的事，一切以把事情办好为最终目标。

只有真正人性化、有人情味的公司才能做到这样，同事也是兄弟，一方有难八方支援，不分你我，更不可能钩心斗角、尔虞我诈。有的同事生病住院了，公司知道以后，当天就有一大帮同事自发跑去医院探望，这种从内心流露出来的关心是伪装不出来的。靠本真的感情凝聚起来的团队，怎么可能不强大？

2. 令人难忘的搬家

十几年来，易盛玖也经历过搬家。有一次，全公司搬家，由于一些资料、设备等属于公司机密，请外来的搬家公司不太合适，所以大家决定自己搬。

那一次，又是男女齐上阵，从早上七八点钟就开始搬，一直搬到晚上七八点钟，中午吃个盒饭接着搬，连搬了三天才搬完。原公司在三至五楼，没有电梯，只能走楼梯。铁架子、铁梯子、电脑、办公桌等不论大小，统统一样一样搬下来。刚开始的时候，男同事还比较斯文，顾及形象，后来实在顾不得了，脱了上衣光着膀子上阵。闫鸿志和咸玉艳也没有袖手旁观，咸玉艳一个人搬起六七十斤重的床架子就下了五楼。

那几天，所有人全身的衣服从早到晚都被汗水浸湿着。晚上吃饭的时候，手抖得筷子都拿不了。一趟搬家下来，公司每个人都像被扒了一层皮般疲惫。闫鸿志既心疼又感慨地说："咱们是真有战斗力。"

那番场景，易盛玖的员工们至今回忆起来都不禁潸然泪下。

这样的事在易盛玖发生过不止一次。早在草原兴发的时候，大家条件艰苦，住的院子到了雨天就会积水，大伙往往是拿起自家脸盆舀水往院外泼。易盛玖人向来都是一条心，不管遇到什么样的困难，大家都会团结一致渡过难关。

3. 圣诞老人竟然是他

易盛玖是个管理严格的公司，但同时又是个完全没有等级观念的团队。实际相处中，大家就是兄弟姐妹。

有一年圣诞节，公司举办“三地”（北京、河北、天津三地公司一起）晚会。晚会进行中，闫鸿志告诉大家有个“圣诞老人”要给大家送礼物。说完，现场的灯突然关了，只亮起一根小蜡烛。很快，借着微弱的灯光，隐约看到一个圣诞老人模样的人走上台来，还用萨克斯吹奏起了圣诞歌曲。一曲奏完，圣诞老人走下台来，挨个给大家发礼物，他穿着笨重的衣服，戴着长长的胡子，走起路来十分不自然，却乐呵呵地把礼物发到每个人的手里。礼物发完了，灯也打开了，大家震惊地发现，圣诞老人是闫鸿志！谁也没想到，闫鸿志会给他们带来这样的惊喜，大伙儿既是感动又是欢喜，那天晚上玩得特别开心。

其实，这个小节目是闫鸿志和咸玉艳一起策划的，就为了给大家一个惊喜。咸玉艳很早之前就去网上给大家买礼物和圣诞老人的衣服，而闫鸿志为了表演顺利，整整练了十几天的萨克斯，吵得邻居都受不了了。

一个公司的文化，不是写在公司的展示墙上，而是在大家最不起眼的日常相处中。一个愿意为大家煞费苦心地准备惊喜和礼物的领导，一群不分你我、真情实意的兄弟，这是一个真正的大家庭，有了这个家庭的凝聚力，我们就有理由相信，这个公司能够扛得住任何风雨。

第三节　董事长夫妻是少有的模范夫妻

在易盛玖这个大家庭里，有一对公认的模范夫妻，那就是闫鸿志和他的夫人咸玉艳。

1. 二十多年前一见钟情

说起来，闫鸿志和咸玉艳两个人还是一见钟情。

闫鸿志认识咸玉艳的时候，他才刚毕业没多久，还在草原兴发总部的财务室工作。

闫鸿志回忆：

“那天，一个女孩来找我们办公室的女同事玩，那时候我正在一门心思工作呢，压根没抬头看。过了几天，办公室的女同事就找我，说要给我介绍个对象。我问她，是哪家姑娘？她说，就是前两天来咱办公室那个。我想了一下，只记得好像是个穿牛仔衣的年轻姑娘。后来同事安排我们见了一面，我一下子就相中了。”

咸玉艳回忆：

“那是我们第二次见面，同事介绍的。当时，他把读书时发表的对联、文章给我看，我一下子就被他的才华打动了。他还写得一手好字，简直让我惊叹。那时候我就觉得，我一定要好好珍惜这个人。”

可惜，没过多久，闫鸿志就去了呼和浩特，两人分处两地，只能靠书信解相思。那时候，每到晚上，大家工作完坐在一起看电视的时候，闫鸿志就跑到一边去给咸玉艳写信，而咸玉艳每天都盼着哥哥下班从单位捎回闫鸿志寄来的信。咸玉艳说：“对我来说，那时候最幸福的事就是在家里读他的信。”

信写了快一年，有一天，闫鸿志说：“我们结婚吧！”咸玉艳说，“好！”于是，闫鸿志就立刻请假回了老家，很快，两人就办完了婚礼。那是1994年的10月。结婚之后，闫鸿志只能先独自一人返回呼和浩特，转年向公司申请后，咸玉艳跟着丈夫来到呼和浩特的草原兴发工作，再后来，她又跟着闫鸿志来到北京。

2. 她是真正的贤内助

咸玉艳是家里唯一的女孩，全家人都宠着，从小也没吃过什么苦。嫁给闫鸿志后，却无怨无悔地帮着闫鸿志撑起了一个家。

刚结婚就饱受异地之苦，好不容易到了呼和浩特，条件又艰苦得要命，尤其到了冬天，晚上屋子里怕煤气中毒不敢生火，早上起来盆里的水都结了冰。后来到了北京，公司缺人手，咸玉艳除了当出纳外，还和大家一起卸货，给大家打扫卫生、做饭，对一切她能做的事，她都任劳任怨。后来成立了易盛玖，咸玉艳虽然是法人，但是她只专心做自己的财务工作，从不参与公司的管理和重要决策。她一点架子都没有，她说自己就是大家的大姐姐。公司上上下下都喜欢她，连保洁员也和她十分熟络。送货人手不够了，她就去帮忙送货；切片切不过来了，她下车间切片；公司做活动需要促销员了，她就去卖场吆喝……

闫鸿志工作忙，她就独自一人接过了家里大大小小的所有事务。照顾孩子学习、照顾闫鸿志生活，她把所有的一切都打理得井井有条。闫鸿志对吃穿用都不讲究，全是她在照顾，每天早上把衣服、袜子准备好，下午下班回家还要做饭、收拾屋子、照顾老人和孩子。逢年过节回家探望老人，她掏钱买吃的、穿的、用的，一点不含糊；回老家的车里，后备箱满满的都是给家里人带的衣服。闫鸿志的父亲病了，是她第一时间把老爷子送到医院，安排好一切，等闫鸿志赶到的时候，事情都已经办好了。闫鸿志的母亲病了，闫鸿志人在外地，她自己照顾婆婆住院，给婆婆包水饺送饭。世博会的时候，闫鸿志在外地出差，她说“世博会太难得，一定不能错过”，就自己开车带着婆婆和儿子一路自驾去上海玩，婆婆腿不好，她干脆买了个轮椅放到车上，游玩的时候就拿出来推着老人家。老家亲戚来北京了，她忙着热情招待。闫鸿志的亲戚来北京看病，她忙前忙后地照应。闫鸿志把父母接来北京，老两口在北京住了十来年，儿媳妇从来没和他们红过一次脸。后来闫鸿志买了房子，把四位老人都接过来，她就天天过去照看。

同事们谈论起她，总是赞不绝口地说：“有几个做妻子的能做到咸姐这样？”闫鸿志说起她，更是满满的感激和赞许。

3. 两人从来不吵架

没有人见过闫鸿志和咸玉艳吵架。

咸玉艳从来不嫌弃闫鸿志工作太忙、不顾家；相反，家里的一切事她都尽力做好，不让闫鸿志操心。闫鸿志孝顺父母，帮助兄弟姐妹，她全力支持，甚至比闫鸿志做得还好。闫鸿志创业，她说："没问题，就算失败破产了，要饭我也跟你一块儿。"有时候闫鸿志觉得，她比他的承受力都强。闫鸿志在新加坡时赶上公司被联合执法，咸玉艳就安慰他："我们公司本来也没有什么问题，不怕他们查，紧张什么呢？"

而闫鸿志能做的，就是要努力给她更好的生活。

即使意见不合，两人也不会红脸。看到闫鸿志生气了，咸玉艳就赶紧停止；反过来看到咸玉艳生气了，闫鸿志就赶紧道歉，绝不针尖对麦芒。闫鸿志教育儿子的时候，咸玉艳从来不阻拦，阻拦会让孩子觉得有人撑腰，她也从来不帮腔，帮腔会让孩子感到孤立无援。

生活就是磕磕碰碰、锅碗瓢盆，只有相互认可、相互尊重，才能和睦前行。一个无怨无悔地付出，另一个深深地认可和感激对方的付出，怎么会吵架？

4. 结婚二十多年，仍像谈恋爱一样

在咸玉艳眼里，闫鸿志就是她的偶像，他有才华、有能力、人品有目共睹，她打心底里崇拜他，心甘情愿为他做一切。她全心全意地信赖他，无论他做什么，她都相信他会做到最好。她深深地认同他对公司的付出，对同事的帮助，对家人的关心，并不遗余力地帮他实现。

在闫鸿志眼里，她贤惠、时尚、孝顺、智慧，没有咸玉艳，他的生活可能会一团糟。两个人是那么的默契，他的父母、他的孩子、他的亲戚朋友、他的公司、他公司的兄弟姐妹，她都愿意帮他照顾。这样的女人，岂止是“难得”，怎能不好好珍惜？

两人刚认识那年，闫鸿志去咸玉艳家，一进门看到门上的对联就说：“这对联是我写的。”咸玉艳奇怪道：“这是我爷爷写的呀。”闫鸿志说：“这副对联是我编的，在报纸上发表过。”爷爷找出当年的报纸，发现对联的署名确实是闫鸿志。所以说，两个人的相遇、相爱是缘分，是冥冥之中天注定，但两个人的相守、相伴，却离不开双方的宽容理解和付出。

咸玉艳说：“这么多年，我对他一如既往地崇拜和信任。”

闫鸿志说：“她为我做了太多，我没有理由不好好对她。”

同事们说：“咸姐和闫哥给我们所有人做了榜样。”

第四节　公司没有离婚的人

公司里的同事们，亲切地称呼闫鸿志为“闫哥”，咸玉艳为“咸姐”。闫鸿志和咸玉艳这对模范夫妻作为易盛玖这个大家庭的家长，无形之中也影响了公司的员工们，大家都把他俩视为自己的榜样。

闫鸿志夫妻俩关系和谐，所有人都看在眼里，两个人从来没吵过架，都很顾家。这种和谐与责任感，潜移默化中也成为易盛玖企业文化的一部分。而公司里的员工们，很多从大学毕业起就加入团队，从恋爱、结婚到生子、承担家庭责任，一直都受着这种文化的影响。男同事都向闫鸿志学习，下了班主动回家，不去外面花天酒地，主动挑起家里的担子，好好对待自己的妻子，给家里人花钱、办事绝不含糊；女同事都向咸玉艳学习，孝顺公婆，照顾家里，从不斤斤计较。

这么多年，在易盛玖的团队里，没有一位员工离婚！

有一年的年会上，闫鸿志全家人给大家表演节目：闫鸿志给大家写书法，咸玉艳给闫鸿志托着纸笔，他们的儿子就在一旁拉二胡伴奏，一家三口那么和谐。那一幕看哭了好多台下的员工，也被大家深深地记在心里。

按惯例，年会上大家都要表演节目。有一年的年会，主持人是董铭钢，作为主持人，他也要表演，他的节目是和自己妻子一起给大家唱首歌。年会前，董铭钢就和妻子商量说："咱就只唱前半段，后半段咱不唱，我想给领导念一段散文。"妻子当然答应。到了现场，前半段唱歌部分顺利进行，到了后半段散文朗诵时，温馨优美的背景音乐响起，舞台的大屏幕上突然播放起了视频短片。董铭钢的妻子转头一看，只见镜头里全是董铭钢和自己从恋爱到结婚、生子的点点滴滴。这边，董铭钢深情地念起了自己准备好的情诗。念到一半的时候，他想到这么多年来妻子的付出，自己却连个像样的婚礼都没有给她，忍不住哽咽起来，而一旁的妻子更是早已泣不成声。强忍着泪水，董铭钢念完了写给妻子的情诗，这时，一直在台下的儿子手捧钻戒走上台来，董铭钢单膝跪下，认真地给妻子戴上钻戒。随后，董铭钢稳住情绪，对大家说："我能够有今天的幸福生活，全靠易盛玖这个大家庭在支撑，感谢我们的引路人闫总！"台下顿时掌声如雷。董铭钢继续笑着说道："这都不算什么，今年我就送个钻戒，闫总给他夫人可是送了一辆跑车，这才是我的目标。"又转头对妻子说："媳妇儿，咱俩努力挣钱！"一番话让大家都笑了。会后，闫鸿志对董铭钢说："虽然你在年会上'以权谋私'，但是你俩的这个节目是咱晚会上最美最感动的片段。"

至今回想起来，董铭钢说："就是因为闫总夫妻两人这么恩爱，才让我有了这样的（在晚会上送妻子钻戒）想法。她对家庭的牺牲和付出我看得到，这份感恩的心是必须要有的。"董铭钢的孩子也非常懂事，在家里给爸爸、妈妈、奶奶打洗脚水是常有的事，董铭钢说："这也是受闫总的影响，爱家庭、爱家人是我们的企业文化。"

不仅如此，闫鸿志还亲自帮员工处理家庭问题。有时候，有员工两口子闹意见了，闫鸿志只要知道，就全力帮忙调解，做做思想工作，讲讲道理，谁做得不对，就训一顿，让两个人好好沟通、道个歉，事情也就过去了。闫鸿志说：“钱赚得再多，工作做得再好，回到家里要是天天吵架，那也就没什么意义了。生活不应该这样。”

古人说：“修身、齐家、治国、平天下。”说的是领导者只有自己具备了良好的道德品质，才能把自己的家庭管好。也只有先把自己的家事处理好，才能治理国家平天下。普通人又何尝不是这样？只有先尽好自己的义务，少要求别人，家庭关系才能和谐。而公司就是一个由众多小家庭共同组成的大家庭，只有每一个小家庭都温馨和睦，才会有这个大家庭的腾飞发展。

第五节　保洁员熊大姐：年年不落的企业优秀员工

每个公司里，几乎都有这样的人：她们做的是最不起眼的工作，拿的可能是最低的薪水，她们是每天上班最早的，却常常卑微到被人忘记。她们就是保洁员。

在易盛玖大家庭里，同样也有这样一位保洁员熊大姐。不同的是，她不仅受到大家的尊敬，还是年年不落的企业优秀员工。

说起来，熊大姐也是从草原兴发时就加入团队的，是团队里的“老人”，后来易盛玖成立，熊大姐就跟着团队一起来到了易盛玖。

熊大姐 40 来岁了，这么多年，她一直骑自行车上班。她家离公司有点远，每天早上都要骑一小时自行车才能到公司。易盛玖早上的正式上班时间是 8 点，但这是相对于大部分员工而言的，熊大姐是保洁员，她要在大家上班之前把全公司的卫生打扫完，所以她每天早上不到 5 点就得出门了，这样才能保证 6 点之前到公司，赶在大家 8 点上班前把卫生打扫好。这一坚持，就坚持了十几年。

在易盛玖，所有的卫生都由熊大姐来做，大家从来不用自己动手。

任何时候，易盛玖的任何地方，几乎都是一尘不染的，连镜子、门窗这些地方，她都要擦得干干净净。熊大姐熟悉易盛玖的所有角落，不管前一天下班的时候办公室有多狼藉，第二天早上上班一看，所有东西一定都会整整齐齐地归到原位。闫鸿志说：“我的橱柜上有两个烟灰缸，每天早上我到办公室，两个烟灰缸一定整整齐齐地摆在那里，而且白色的那个烟灰缸一定在灰色那个上面。”

你永远见不到熊大姐在办公区域里坐着，不管什么时候看到她，她都在干活，好像不知疲倦。你明明觉得很干净的地板，熊大姐已经又开始擦了；你明明觉得根本不用清理的办公桌，熊大姐又要清理了，易盛玖的洗手间里永远弥漫着空气清新剂的芳香。实在累了，她就去卫生间里放工具的地方坐一小会儿，然后接着出来干活。

除了做好本职工作，熊大姐还会义务帮同事们热饭菜。中午，有的员工从家里带了午餐，熊大姐就提前帮大家一个一个用微波炉热好，这样就省去了同事们排队热饭的麻烦。

早上不到5点就出门，下午5点以后才回家，熊大姐每天的工作时间将近12个小时，这12个小时里，她几乎一直在工作，从没说过一句辛苦。在熊大姐心里，不存在“偷懒”这两个字，她用十几年如一日的行动向大家诠释了什么叫职业尊严，什么叫敬业，她确实值得每个人尊重。

细心、热心又兢兢业业的熊大姐，受到了公司上上下下的喜欢，闫鸿志对她赞不绝口，普通员工对她尊重有加，连闫鸿志的夫人咸玉艳也跟她十分熟络。每年，熊大姐都被公司评为“先进工作者”，都会站在光荣的领奖台上。从来没有人因为她的岗位而看轻她，更没有人对她每年的“先进工作者”称号表示任何异议。这一切都得益于易盛玖平等、人性化的奖励制度和家庭般的工作氛围，每一个易盛玖人在工作中都是平等的，所有人的工作都值得被肯定。熊大姐和易盛玖团队是个不可分割的整体。

第六节　一年一度的大家庭郊游大聚会

易盛玖作为一个大家庭，自然少不了家庭聚会，易盛玖每年都有两次盛会。

其一是每年的年会。年会上，易盛玖家人们欢聚一堂，每家都带着自己在家做好的拿手菜，大家一边包饺子，一边吃着各家各户带来的美食，一边观看节目表演。

其二就是每年夏天的大家庭郊游大聚会。相比之下，这一年一度的大家庭郊游大聚会更受员工们的欢迎。每年 7 月左右，曹刚就会在北京附近挑一个景点，易盛玖全体员工一起出去旅游。由于工作性质的原因，景点不会离北京很远，旅游的时间也往往只有三天，但这并不妨碍大家对它的期盼。每年一到 6 月，员工们就开始对旅行翘首以盼了，时不时就会有人问曹刚："今年去哪儿玩？""今年什么时候出去玩？"

这么多年来，伴随着易盛玖团队越来越壮大，每年出去游玩的车队也越来越长，由最开始的四五辆车增加到七八辆车，再到现在的十来辆车。十来年间，他们几乎把北京周边的景点都玩遍了，圆明园、十渡、红螺寺、西柏坡等，这些地方都留下了易盛玖大家庭的欢声笑语。

其实去什么景区并不重要，有没有美好的风景也不重要，重要的是在这两三天的时间里，大家尽情地放松，喝酒、打牌、聊天，肆意欢笑。平日里的工作辛苦而忙碌，每个人都十分努力地拼搏，越是努力，自然就越渴望能有这样一个大家一起放松的机会。每到这时候，闫鸿志就不再是“闫总”，而是“闫哥”，他和大家坐在一起划拳、“炸金花”，员工们可以赢他的钱，也可以灌他喝酒，肆无忌惮地跟他闹。

更重要的是，公司要求旅行中能带上家属的务必要带上家属，结了婚的就带上自己的爱人、父母、孩子，没结婚的就带上自己的男女朋友，大家团团圆圆、热热闹闹，一切费用都由公司承担。所以，对员工来说，这不仅是一次旅行休假，更是一次团圆聚会。公司里不乏家属在外地的员工，这次旅行就是为了给他们提供一次相聚的机会。之所以将时间选在7月，也是因为这时候孩子们都放暑假的缘故。易盛玖是一个有人情味的公司，设立这个活动的初衷也是让员工全家人团聚。为了最大限度地让家属都能参加，在旅行时间上易盛玖也会尽量协调，如果哪个员工的家人正好在原定的旅行时间里有事来不了，公司十分愿意更改旅行时间，给他们提供便利。早几天晚几天都没关系，一定要找个家属们尽量都有空的时间，尽最大的努力让大家团圆。

和自己生活中最亲密的家人、工作中最亲密的同事来一次三天两夜的狂欢之旅，任谁能不期盼呢？

易盛玖最为可贵的地方，就是它把每一个员工都当家人对待，整个团队就是一个大家庭，闫鸿志就是大家长，同事们都是兄弟姐妹。在这里没有钩心斗角，没有你争我夺，只有良性竞争与学习，只有家人般的关心和帮助。

第九章

易盛玖在前行

第一节　开辟新市场

闫鸿志的第一梦想，是将易盛玖做成百年企业，但这并不意味着闫鸿志只追求将企业做长久而不做大做强，恰恰相反，当有能让企业发展得更大的机会出现时，他绝不放弃。

2014 年，中央提出京津冀一体化发展，实际上，早在 2012 年，闫鸿志就看到了京津冀一体化的发展趋势，开始建立河北、天津分公司，开拓北京以外的市场。

1. 开拓天津市场

闫鸿志首先决定开拓天津市场，他把这个任务交给了销售经理杨晓毅。开拓新市场，一定程度上说，就相当于从头开始。对于杨晓毅来说，这是一个很大的挑战。

天津不比北京，北京毕竟是首都，监管相对严格，对食品安全的要求自然比其他城市高些。杨晓毅原本以为，北京距离天津区区 100 千米，去天津就像去北京的郊区一样，按部就班，熟门熟路，没什么难的，顶多就是辛苦点。可到了天津之后，他才发现，情况完全不是想象中的那样。

2012 年左右的时候，北京牛羊肉市场上假货很多，这些假货扰乱市场，导致坚持做真货的易盛玖经营十分艰难。杨晓毅到了天津之后才明白，比起天津市场的假货，北京市场真是小巫见大巫。天津的牛羊肉市场，假货泛滥程度简直超出他的想象，“几乎全是假货和掺假货”。

从打拼多年的北京来到这陌生的城市，极度恶劣的市场环境，与北京大不同的风土人情，完全不熟悉的交通地理，让杨晓毅的心理落差很大，但无论前路如何艰难，杨晓毅都得走下去。那段时间，杨晓毅的压力大到无以复加。开拓市场是需要投入的，办公成本、人员工资等，这都属于固定成本，眼见着投入的钱越来越多，营收却还寥寥无几，又想到自己在北京的时候业绩十分漂亮，杨晓毅每天晚上愁得睡不着觉，恨不得 24 小时都去跑业务。没生意的时候发愁，有生意的时候同样发愁，人手不够，条件简陋，进货出货都要杨晓毅一个人来做。有一次杨晓毅进冷库出货，由于冷库内外温差大，库门口的滴水结成了冰，杨晓毅一个人用地牛拉着一大排货，走到库门口时一个不留神就重重地摔在地上。那一跤摔得结结实实，疼得他半天都动不了。就算这样，缓过劲儿来之后他还得继续干活。

苦点累点对杨晓毅来说都不算什么，但让他最发愁的仍然是没有业务。为了谈成业务，他一家家超市、卖场地跑，可由于易盛玖产品好、价格高、在天津市场知名度还不够，所以谈起来十分艰难，几乎谈一家就碰一次壁。谈业务没有捷径，就是勤奋，或者说是死缠烂打，一次不行两次，两次不行三次。杨晓毅使出浑身解数，争取获得客户的理解和认可，他跟客户说：“假货的利润很大，但现在食品安全法规越来越严格和规范，以后假货的生存空间一定会越来越小，现在赚了一时的快钱，但以后是没有前途的。总有一天，假货会被市场和消费者遗弃，那时想转变就难了。”他不厌其烦地向客户介绍易盛玖对产品品质的严格把控，向客户展示易盛玖的进货手续、进货渠道、QS（企业食品生产许可）措施，他告诉客户：“易盛玖进货，不仅要看厂家提供的检疫票据、检疫手续、各项检测合格证，还要自己抽检去相关部门检测化验，即使每年要花不少检验费，也在所不惜。多关把控，确保产品货源稳定、货真价实、百分百真货。”他甚至还帮客户出主意：“眼下卖假货确实赚钱，但是卖我们的产品也不会让你们受损失。你们可以把产品划分档次，我的产品品质好，就是上品，上品价格高，品质差些的其他品牌产品就卖普通价格，这样并不影响你们现有产品的销售，对消费者来说也更容易接受。”

尽管做了诸多努力，形势仍然不乐观。更麻烦的是，由于易盛玖的到来势必对天津市场原有产品造成冲击，如何协调与竞争对手的关系也十分棘手。杨晓毅还要去和这些劣质牛羊肉的经营者沟通：“我们双方的产品不是一个价位的，我们把价位错开，比如你卖 30 元一斤，我卖 50 元一斤，我不会降低我的价格去抢夺你的消费者。”但他也善意地提醒对方，“现在食品安全的发展趋势是越来越严格，虽然眼下你们的利润比较高，但还是要做长远打算的。”

杨晓毅坦言，刚去天津那半年，几乎没有什么业务。有同行业的公司也去开拓天津市场，只去了三个月就坚持不住了，铩羽而归，但杨晓毅坚持了下来，至今已经五年了，形势越来越好。他说：“每次打电话，闫总都会安慰我，说我们用时间换空间，让我不要急，也正是闫总的鼓励安慰，让我扛了下来。”

如今，虽然易盛玖在天津市场的销售额和最初的预期还有一定的差距，但经过五年的打拼，杨晓毅带领团队经过坚持不懈的努力，硬是冲出一条血路，在恶劣的市场环境下存活了下来，易盛玖的产品也越来越多地得到大家的认可。在国家对食品安全的监管越来越严格的大环境下，天津市场的形势也在一天天改善，易盛玖在天津的坚守，也迎来了曙光。

2. 开拓河北市场

相比之下，河北市场的开拓要比天津市场容易得多。

前些年轰动全国的三鹿奶粉事件就发生在河北。河北也因祸得福，那次事件后，河北对食品安全的监管就变得十分严格，甚至比北京还要严格几分。

在河北，经营肉制品必须出具瘦肉精检测报告，没有检测报告，政府不予开具检验票。在北京开检验票要额外付费，而在河北，费用却由政府补贴。政府就是为了鼓励大家积极主动地去做检验，避免商家为了省钱而不做检验，一旦查出没有检验票的商家，立刻重罚，并且向上游企业追溯，追究连带责任。每年，河北都要查处不少不合规定的商家和品牌。

虽然如此，开拓新市场仍然是件艰辛的事。新市场就是一张白纸，要在上面画出一幅好图画，还得一丝不苟地画。

河北市场的开拓是交给李明泽去做的。

李明泽最初去河北，其实是带着两个业务员一起去的。那年永辉超市入驻河北石家庄，由于易盛玖和北京的永辉超市一直有合作，所以理所当然也进入了石家庄的永辉超市。到达河北的当天，李明泽和同行的两个同事就忙着和超市方沟通、卸货、找办公地点，连自己住的房子都没时间找。

让李明泽印象最深的是最开始承包店中柜的艰难。第一个吃螃蟹的人需要勇气，由于河北人并不熟悉易盛玖，店中柜最开始的承包工作几乎无人问津，用李明泽自己的话说，就是“求爷爷告奶奶”地让人家承包，拍着胸脯跟人家保证肯定能赚钱。有个东北的大姐，去和李明泽谈承包，正好到了饭点儿，李明泽甚至亲自下厨给人家炒了几个菜，也正是这一点感动了那位大姐，大姐觉得这人靠谱，终于同意承包他的店中柜。

最开始没有送货车，没怎么开过车的李明泽不得不自己借了一辆货车自己送货。对车生疏得很，李明泽实在不敢把车开快了，他只能降低车速慢慢开；送完货他又迷路了，不知道怎么回去，他就跟着公交车走，可公交车司机开车比他快多了，他根本跟不上，跟丢了这一辆就只能再等下一辆，足足跟了三趟公交车才回到公司。再后来业务多了，李明泽就申请公司配车，自己找冷库，自己送货，那一年多，李明泽几乎什么事都亲力亲为，他跑遍了石家庄的大街小巷，每一条街道、每一个胡同他都了如指掌，像到了自己家一样熟悉。

但李明泽遇到的最大的困难，并不是在业务上，而是在团队的组建上。最开始，他是带着两个业务员一起去的，可两个小伙子毕竟年轻，一个有点眼高手低，觉得自己从北京的大团队来到河北这个小团队没前途。李明泽苦口婆心地开导，甚至拿自己年轻时的经历开导他，告诉他没有几年的沉淀是不可能真正独当一面的。然而半年后，这个小伙子还是离开了。另一个原本就没打算在易盛玖长久工作，自己家里有事业，只是出来锻炼学习的。这个小伙子不错，踏实肯干，但终究还是被家里召回去了。几次组建团队受挫后，李明泽也开始转变思路，试着从当地招人，以便员工能更快地融入环境。现在，李明泽的团队已经有 20 多个伙伴了。

万事开头难，度过了最开始那段艰难的日子，后面的路就会越走越顺。河北市场监管严格，易盛玖的好产品进入市场后自然如鱼得水，受到消费者的欢迎。三年过去了，店中柜的生意越来越好，最初承包店中柜的人都赚了钱，如今易盛玖的店中柜和专卖店大家都抢着承包。往往是新店还没开起来，承包人就已经拿着钱上门想要签合同了。李明泽说："这不是因为我的个人魅力，而是因为我们易盛玖的整体氛围好。我们从不拖欠承包人的款项，承包人也就信任我们。是易盛玖带着我们走了一条正规、正确的大道，我们才有今天的成绩。"

三年过去，易盛玖甚至改善了河北人的饮食生活。在易盛玖进入河北之前，河北人在夏天是吃不到新鲜的羊肉片的，只能吃盒装的能长期保存的羊肉，这种羊肉片远没有新鲜的羊肉好吃。自从易盛玖来到河北，夏天吃新鲜的羊肉片自此成为可能。产品品质好又诚信可靠，易盛玖因此受到了各大超市的欢迎。

比起假货泛滥的天津市场，河北市场的开拓总体形势要好得多。高品质的易盛玖产品度过了最初的艰难阶段，销售额就开始连年攀升了。开拓河北市场的第一年，易盛玖在河北的年销售额是 200 多万元，第二年是 300 多万元，第三年销售额已突破 800 万元。

第二节　创造自己的品牌

企业的发展分为横向和纵向：横向上，要开辟新市场、扩大销售范围；纵向上，则要扩充产品线的深度和广度，精耕细作，强化自己的品牌。

你一定听过这几个品牌："六个核桃"饮料、"白加黑"感冒药、"农夫山泉"饮用水、"中华"香烟、"牛栏山"二锅头、"劳斯莱斯"汽车。但是，它们是什么企业生产的？可能大部分人都不知道。如果这些品牌有经销商，那么，它们的经销商又是谁？知道的人一定会更少。

由此可见，对广大消费者来说，企业名称根本就不重要，经销商名称更不重要，真正重要的是品牌。易盛玖虽然已经创建了十多年，北京市大大小小的超市里，几乎都能看到易盛玖的产品，但即使是天天买易盛玖产品的消费者，也很少有人知道"易盛玖"这家企业，他们只知道他们消费的是蒙牛、伊利、大庄园的产品。易盛玖的企业做得再好，若没有自己的品牌，只做贸易，那永远都是为别人做嫁衣裳。

闫鸿志早就认识到了这一点，但多年来在草原兴发的经验告诉他，做品牌是要有相当大的投资的，尤其是要做成全国性的品牌，不仅要有过硬的产品、正确的战略、完善的经营管理，更需要有足够的资金来支撑品牌推广。由于易盛玖多年来注重追求产品高品质、企业稳步发展，规模一直不算很大，资金是制约品牌建立的关键。但后来闫鸿志发现，有的品牌最初是地域性品牌，但是在实际的发展运营中，依靠自身过硬的品质、优质的服务、丰富的市场营销网络，再加一些终端广告推广，就慢慢成为全国性品牌。或者说，把一个地域性品牌做好，再迅速向全国复制，也可以成为一个全国性的品牌。发现这一点之后，闫鸿志觉得不能因为自己的企业规模不大，就不去做自己的品牌，品牌是可以由小到大的。易盛玖在北京有着十分完善而且强大的市场网络，易盛玖的产品和一线销售员可以每天跟北京的大部分消费者见面，有这样的天然优势，为何不充分利用起来，去做自己的品牌？更何况，做自己的产品，就能掌握更多的主动权，能更彻底地把控产品质量，也能制定自己的营销策略。闫鸿志有多年的市场营销实战经验，易盛玖也有多年的市场经验和丰富的资源，理所当然该把它们利用起来。所以，闫鸿志下定决心，一定要建立自己的品牌。

如果把易盛玖代理的所有产品比作一条精美的项链，那么易盛玖的自有品牌就是串项链的那条绳子。任何一个代理产品，如果不再继续合作，对整条项链来说不过是少了一个珠子，无伤大雅，但如果绳子断了，这条项链就散了。所以，绳子一定要特别结实。目前肉食品生产加工厂的产能过剩，生产水平一流的加工厂正苦于没有销售渠道，而销售渠道正是易盛玖擅长的，因此易盛玖寻找到高标准的生产企业，进行 OEM（定点生产）合作，实行轻资产运营。这样一来，从产品源头到物流、仓储、销售，直至终端消费者，整个供应链的各个环节都能由易盛玖把控，最大程度地降低了运作成本，保证了产品质量，进而实现了企业的供应链管理。

2012 年，公司推出了自己的品牌“溜达笨鸡”系列，有童子鸡、老母鸡、草鸡等。“笨鸡”就是土鸡，“溜达”就是散步，“溜达笨鸡”就是健康的散养土鸡的意思。此外，还有“易盛玖调理品”，有原味鸡块、黑椒鸡块、川香鸡排、无骨鸡柳等，这类食品是预先调好味道的，带回家简单加热就可以食用。配合易盛玖的线上电商推广，易盛玖还将推出“易盛玖灰芦花鸡”系列，有易盛玖灰芦花童子鸡、小公鸡、老母鸡，还有白凤乌骨鸡。其中，易盛玖的骨肉相连产品是北京各大超市最畅销的骨肉相连品牌。

除了鸡产品系列之外还有羊肉产品，羊肉产品将是易盛玖的主打产品。易盛玖拥有自己的羊肉品牌“草缘天冉”，主做羔羊肉卷等产品。2015 年冬天，还上市了羊上脑砖、腿儿砖等高档羊肉产品。羊上脑砖就是羊脖子后面的上脑肉，这块肉比其他部位的肉更嫩、更瘦、口感更好，而且没有脂肪。易盛玖接下来主要做锡林浩特等有地理认证标志的著名产羊区的羊肉。不仅如此，易盛玖还会有西式精分割羊肉产品等。

目前，易盛玖已经拥有几百个产品，未来还会更加丰富。易盛玖生产的产品安全性非常高，闫鸿志要求生产标准不仅要达到国家标准，更要达到比国家标准高得多的易盛玖自己的企业标准。产业链的延长，不仅加强了易盛玖对整个环节的控制，也保证了产品的品质，增强了对产品定价的主动权，还可以提升易盛玖的利润，对易盛玖来说，是质的飞跃。

一个长期没有品牌的企业极有可能陷入质量战、价格战、服务战的泥潭。在已陷入白热化竞争的企业界，质量、价格、服务仅仅是参与竞争的基础，唯有品牌是竞争的有力武器。竞争不是事实之战，而是认知之战。管理学大师德鲁克先生在他的著作《成果管理》中说：“成果不依赖于企业内部的任何人或受企业控制的任何事情，成果取决于企业外部的人——市场经济中的顾客。”“什么是有意义的事情是由市场和顾客决定的，只有提供顾客认为有价值的并愿意掏腰包购买的东西，企业才能赚到利润。”企业成功与否，很大程度上取决于顾客对企业的认知，这就是为什么如此多的企业争做行业内第一品牌的根本原因。

任何规模、任何行业、处于任何发展阶段的企业都需要创立品牌，只有具备了品牌，企业的盈利才是可以保障的，否则就会像“过山车”一样，市场好的时候利润高，市场一低迷，或者有实力的竞争对手一进入，利润就低，甚至陷入亏本的境地。创立品牌是企业求生存的有效方式，用品牌的观念、知识、技能来指导经营，只要方法得当，不难从竞争中脱颖而出。从经销商到创立品牌的转变，对易盛玖来说，是前进征程上的重要一步。

第三节　开辟新项目新领域

易盛玖并没有将自身局限在肉制品营销和配送领域，时代在发展，易盛玖也在积极地寻找新项目、新领域，集团化、多方向发展。

综观国内乃至全球市场，不难发现，凡是大型集团公司都不会只在一个行业发展。以阿里巴巴集团为例，旗下阿里巴巴、天猫、淘宝三大平台分别占据中国 B2B（企业对企业）、B2C（商对客）、C2C（个人对个人）三大电商领域极为重要的位置；金融产品支付宝是全球最大的在线支付平台，余额宝也成为中国最大的互联网金融投资理财产品；阿里云平台是中国最大的云计算公司；阿里巴巴自有的聚划算及其收购的美团是中国团购领域的强者；著名的高德地图被阿里巴巴全资收购；社交领域，阿里巴巴除了自己的社交产品“来往”之外，还入股微博、Tango（美国社交应用软件）；线下零售业中，阿里巴巴入股银泰商业；此外，还有在线教育、娱乐、浏览器、旅游、物流……

由此可见，一个公司想要做大做强，跨行业、多领域发展是最好的选择。闫鸿志也从来没有想把易盛玖局限在肉食品行业，对很多新生事物都愿意去尝试。

1. 4G 信号塔项目

近年来，讨论最热的行业词语莫过于“移动互联网”，以微信为入口的移动互联网大潮几乎在顷刻间席卷了线上线下、各行各业，以及全国大部分普通人的工作和生活，不谈移动互联网，似乎就落后于这个时代了。

移动互联网时代，众多新兴的行业机会涌现，其中非常重要的就是 4G 行业。4G 是第四代移动通信及其技术的简称，是集 3G 与 WLAN（无线局域网）于一体并能够传输高质量视频图像且图像传输质量与高清晰度电视不相上下的技术产品。随着我国 4G 的建设发展，不仅可以更好地满足移动用户高速无线上网的需求，而且将促进移动互联网业务应用持续深入，推动移动生产办公、移动电子商务、移动交通物流、智慧家庭等行业信息化服务不断扩展，并将催生更多的业务形态和服务模式，让更多的用户分享到 4G 发展带来的成果。

4G 网络的建设也将会带动整个产业链景气上升。网络规划、射频器件、主机站、网优运维及工程、传输设备、小基站相关公司都将在建设期相继受益，而待网络成熟后，移动终端、内容提供商及运营商也会随之获得发展机遇，实现业绩提高。

4G 网络的建设离不开基础设施的搭建，最重要的基础设施就是 4G 信号基站。2014 年 10 月，易盛玖通过决议，公司将进军 4G 行业，主要投资 4G 信号基站、宽带入户及建筑物内的室分（室内分布系统）三大板块的业务，其中最主要的就是 4G 信号基站的建设。

4G 信号基站是个一次投入、长久回报的好项目。目前，易盛玖的 4G 信号塔项目进展顺利，成效显著，与合作方的合作也十分顺畅，未来可能会成为易盛玖集团的重要盈利来源。

2. 伊利牛奶项目

伊利牛奶项目是易盛玖的新项目，其“新”在于，牛奶不是在超市里出售，而是走特殊渠道。所谓特殊渠道，通常来讲，就是除了商超等常见渠道外的其他渠道，比如给大型企业的员工配送早餐奶等。

运作该项目其实非常辛苦。拿配送早餐奶为例，客户要求的配送时间尤其严格，早上 4 点半必须送到，因为早上 6 点多牛奶就要在员工食堂全部热好，7 点半员工就要开餐了。此外，必须不能缺货、断货。与商超不同，在超市，如果某样产品缺货，它的陈列位置可以暂时由别的产品补上继续售卖，但特渠产品就不行。比如给学校送酸奶，如果缺货，孩子们就没有酸奶可以喝，因此，这对库存的要求也极为严格。而且由于是定向客户，消费者一般就是员工、学生等群体，而且每天食用，所以对新鲜度的要求也同样严格。

伊利牛奶项目目前正在慢慢步入正轨，就业绩来说，已经超过北京另外两个经销商一大截。作为商贸公司，和伊利这样的大品牌合作不仅能提升易盛玖的知名度，而且通过大品牌可以接触到更多渠道的客户，以此为切入点，也可以促进易盛玖其他品类产品的销售。

3. 其他项目

当然，易盛玖投资的领域也不仅只有 4G 行业、伊利牛奶项目、江鸟物流，还有其他一些新项目和新产品、新渠道。

2014 年下半年，易盛玖投资入股新天玛生态，这标志着易盛玖向其产业链的上端再进一步。

接下来，易盛玖还将开展电子商务，线上线下相结合，充分利用互联网优势进行开拓和发展。

事实上，实施跨行业发展，闫鸿志还有另一层考虑。他觉得，人工作不只是为了赚钱。根据马斯洛的需求层次理论，人的需求像阶梯一样从低到高按层次分为五种，分别是生理需求、安全需求、社交需求、尊重需求和自我实现需求。通过工作获得薪水生存下去，这只是满足了安全需求，但这对于他的员工来说是远远不够的，他们还需要被尊重、被认可，甚至自我超越。要实现这些，就需要有一个足够大的平台。一个业务员，再优秀也只是业务员；一个公司再强，也只能有一个董事长、一个总经理。在易盛玖现有的公司架构下，董事长、总经理、部门负责人都已经有了，短时间内也不可能退居二线，那么，基层员工的上升空间就小了。而且，即使是对于已经达到管理层次的人来说，他们同样需要上升空间，人总是会追求进步，当公司现有的架构不能满足他们的上升需求时，他们就难以在这个平台上实现自我超越。因此，当团队足够成熟时，团队本身也会推动企业发展壮大，这是由人性决定的。

无论是为了企业发展，还是为了员工需求的实现，走出去、跨行业都是易盛玖的最佳选择。跨行业、多领域发展是易盛玖今后发展战略的重要一环。易盛玖这个平台会越来越大，给其中的每一个人以广阔的发展空间。

第四节　将电子商务与传统商务结合起来

时代变化的速度总是超出人们的预期，前几年我们还在讨论传统企业步入电商的福祸之争，而今时今日传统企业电子商务化早已经是一个不争的事实。现在俨然是一个全民电商的时代，即使你或你所在的公司没有发展电子商务，你也一定有网络购物经历；即使你没有亲自下单，你也一定使用过网购来的产品。电子商务重新定义了我们的消费习惯，智能手机的普及更使网购变得轻而易举，只需在手机上轻轻一点，就可以等待快递送货上门。

传统企业的老板们聚在一起，讨论最多的话题就是发展移动端和电子商务，很多企业把电商发展定位为公司发展的重点战略之一，可以说，在移动互联迅猛发展的时下，传统企业未来市场的成功，就是电子商务市场运营的成功。发展电子商务是不可阻挡的历史脚步，有人预言：未来 10 年，传统企业电子商务化是大势所趋。

闫鸿志的妻子咸玉艳就是个资深网购用户。几年前网购刚刚兴起的时候，她就开始上网淘宝了。如今大到家电，小到地垫等生活用品，她都习惯网购。闫鸿志自然也早早地注意到线上的机会。2013 年，闫鸿志就开始着手发展电子商务，那时国内生鲜电商才刚刚兴起。民以食为天，生鲜电商具有十分巨大的市场潜力，但生鲜电商也有个致命的制约因素，那就是冷链物流。生鲜产品不同于衣服、化妆品等产品，其保质期非常短，对物流时效的要求极高，同时又十分容易受损，难以承受一般物流的“暴力运输”，而且生鲜类食品大多利润微薄，顾客往往难以接受高额的物流运费，生鲜电商与菜市场相比，优势并不大。所以，在电子商务发展多年以来，生鲜电商一直是大部分电商平台想触碰却又不敢触碰的领域。

经过两年多的发展，冷链物流的难题已在很大程度上得到改善，2015 年，生鲜电商迎来了真正的春天，闫鸿志准备了两年之久的电子商务平台也正式上线了。电子商务平台的上线是对易盛玖营销方式的一种调整，闫鸿志希望在现有的营销方式基础上，加入电子商务，通过互联网扩大销售区域，改变销售方法。

具体来说，根据产品品类的不同，运用不同的营销方案。对于易盛玖的自有品牌，通过线下销售，现阶段易盛玖只在北京、河北、天津几个地区开设了实体店铺或专柜，辐射力有限。目前易盛玖的自有品牌和产品还在不断丰富，这些产品通过互联网就可以销售到全国各地区，从而在全国各地提升知名度和打开市场。对于代理产品，易盛玖将建立 O2O（线上到线下）平台，线上推广、线下成交。客户在网上看到易盛玖发布的产品，产生购买意向后可申请报名，当意向客户达到一定数量时，易盛玖向厂家集中采购产品，由于一次性采购的产品较多，也能够获得相对低廉的价格，这样一来，消费者就能用更低的价格买到同样的产品。前期报名的客户再到线下付款取货，形成交易闭环。在这个闭环之中，易盛玖充当了厂家和消费者之间的连接纽带，做成一个带有团购性质的肉食品的小而美平台。

在推广方面，现阶段受互联网大潮的影响，品牌推广和广告投入都已经碎片化，从前靠投放电视广告就能完成的营销推广方案现在已经过时，互联网和移动端是趋势，如果抓不住就只能被淘汰。接下来，易盛玖将会把品牌推广主线集中到互联网以及线下商超卖场中。目前，易盛玖已经开始做百度推广，通过精准的数据分析，投放给精准的潜在客户群体，做到有的放矢。

在团队建设方面，由于易盛玖内部并没有专业的互联网运营团队，在项目初期，易盛玖理智地选择了专业的电商代运营公司进行托管，让专业团队先将基础构架搭建起来，并且逐步培养自己的电商团队，既可以节省人力成本，又可以减少试错成本，还能顺利而快速地将易盛玖的电商项目带上正轨。

任何企业都要在时代大背景下发展，企业的产品和运营模式也必须适应时代形势才能生存，如果跟不上形势，再好的企业和产品也会被淘汰。

互联网是资源，是趋势，而产品是本质。企业在保证产品品质的基础上，也一定要利用好资源、把握时代趋势，才能紧跟时代的潮流。易盛玖赶上了电子商务的大潮，未来的发展值得我们期待。

第五节 走向上市

纵观易盛玖的十多年发展史，不难发现，“稳”字是主旋律，“良心”是大基调，但我们也同样能感受到这支踏踏实实的团队内部所蕴含的巨大能量。

十多年了，易盛玖至今没有上市。

是不够资格吗？显然不是。易盛玖原本就脱胎于上市公司，自创立之初就用上市公司的标准要求自己，多年来稳步发展，无论是管理还是规模上，早就达到了上市公司的标准。

是“任性”吗？我们都知道，国内第一“任性”的企业就是“老干妈”，其创始人陶华碧的名言“不偷税、不贷款、不欠钱、不上市”，火得一塌糊涂。但闫鸿志不是个“任性”的人，十多年来，他虽然坚持稳步发展，却从没有说过“永不上市”。诚然，这么多年来，易盛玖也并不缺资金，业内的口碑和稳步发展的势头，使无数投资人看中了这只潜力股，但对于大部分投资，闫鸿志都拒绝了。

闫鸿志并非不想上市，而是不想为了融资而上市。他是一直想上市的，但他觉得上市并不是“雪中送炭”，而是“锦上添花”，只有先给企业打好扎实的基础才能上市。所以，每当有人建议易盛玖上市时，他总说“时机还不到”。

现在，时机终于到了。易盛玖有执行力极强的团队，有完善的企业架构，有成熟的市场运作经验，有多项目、多渠道的发展战略，易盛玖接下来就要走向资本市场！

有的公司上市，是为了融资，或者说，有些上市公司就是为了融资而存在的。但易盛玖不是。那么，多年来一直拒绝上市的易盛玖为什么又要上市了？

第一，闫鸿志觉得，十年对于一个企业来说是个坎儿，2016 年是易盛玖成立十周年，是周年阶段性总结的里程碑。

第二，不可否认，走向资本市场是企业发展壮大最快捷的途径。易盛玖要做百年企业，并不是就抛弃了做大做强的想法。通过上市，不仅可以提升易盛玖的知名度和影响力，树立企业形象，提升公司的软实力，而且公司上市的过程本身就是非常好的广告，更容易被国内和国际市场认可和接受，也有利于吸引和留住人才，促进企业发展壮大。

第三，易盛玖是个感恩的公司，没有股东就没有易盛玖。易盛玖早已具备上市的资格，多年来没有任何税务问题，职工福利也完全符合《中华人民共和国劳动法》规定。上市意味着更严格、公开和透明，意味着对所有的投资者坦诚相待，这对公司的管理、经营和未来的发展方向都是有益的，可以让企业管理更规范，与现代企业管理接轨，又可以促进企业的发展，给股东更多资本收益，也是对股东的回报。

第四，上市会扩大企业的合作范围和发展路径，只有看过更多，思路才会更加清晰。借助上市的机会，可以改善公司的经营管理方法，梳理公司的发展思路和发展方向，将经营、战略、管理等各方面进行全方位的提升。上市之后，公司的任何一个项目和决策，都在资本市场的监督中，这会让易盛玖在经营过程中更谨慎，更有方向感。

易盛玖脱胎于上市公司，本来就沿用了原公司规范的管理流程，但那毕竟是十几年前的公司，时过境迁，如今又有了新的经济形势和资本市场形势，上市才能与现行的上市公司的管理、经营、决策潮流接轨，这是易盛玖与时俱进的必然要求，也是易盛玖的必然选择。

第十章

坚持很难，难也要坚持

第一节　假货泛滥和不诚信行为带来的市场挑战

近几年，食品安全问题屡屡引发大家的广泛关注，人们对食品安全越来越重视，但我们也必须承认，我们国家的食品安全工作仍然任重道远。

食品安全并不只是困扰我们国家的问题，而是个世界性的问题，是每个国家都会遇到的问题。即使是如今对食品安全监管异常严格的美国，在100年前也经历过“食毒时代”。美国现实小说《屠场》描写了这样一幅场景：“从欧洲退货回来的火腿，已经长了白色霉菌，公司把它切碎，填入香肠；商店仓库存放过久已经变味的牛油，公司把它回收，重新融化，经过去味工序，又返回顾客餐桌；……更令人毛骨悚然的是，在油脂提炼车间，一个工人掉到大钢罐里，人们最后从中捞到了他的骨头，而他的肉身已被制成名牌的猪板油！在香肠车间，仓库的生肉在地板上堆成垛，站在高处用手掌抹一把顶部，就能抹出一把老鼠屎；……毒死的老鼠和生肉一起铲进绞肉机的进料漏斗；……”

过去的10年，是新中国成立以来食品安全问题最突出的10年，许多食品生产者利欲熏心，而我国在食品安全监管法律和机构上尚未完善，让一些掺假、造假者有机可乘。2006年，北京市场被爆出苏丹红鸭蛋；2008年，河北三鹿奶粉被爆含有“三聚氰胺”；2010年，地沟油事件震惊全社会；2011年，“瘦肉精”事件再次打击了人们对食品安全的信心。肉食品市场也是如此，从2010年以后，北京市场牛羊肉假货开始增多，并且愈演愈烈，一度占据了市场主流，坚持做真货的企业凤毛麟角。

对此，易盛玖曾专门派人去北京西南郊市场调查，那里的肉贩说：“你要多少钱（一斤）的羊肉，我都能给你做出来，10元一斤也有，30元一斤也有。”其实，便宜的“羊肉”就是掺了各种便宜的肉类，如猪肉、鸭肉等。再比如市场上常见的“调理肉片”，其实就是在原有肉片的基础上，掺杂了一些料液和水，不仅不健康，还使肉的重量加重，10斤肉片能做成13斤调理肉片，比注水肉还可恶。

当时的市场非常混乱，消费者根本无法辨别肉的真假、优劣。超市里那些看似颜色鲜艳红嫩、肉质水嫩的羊肉，很多是经过注水和特殊处理过的肉。这些看似挺好的羊肉每斤成本不足10元，而那些颜色不那么鲜亮的真羊肉，每斤成本则要超过30元。真正的好羊肉，尤其是羊后腿肉，颜色其实是有些泛黑的。不明真相的消费者都认为颜色粉嫩的肉好，价格又便宜，于是这些外表“光鲜亮丽”、价格又便宜的假羊肉、坏羊肉大受欢迎，而真正的好羊肉却无人问津。

有一次，王占荣在某超市购物，职业习惯令他走到羊肉货架旁，拿起最畅销的一款涮羊肉片看起来，一大份羊肉只要十几元，确实十分便宜。正看着，一位老阿姨也走过来拿起同一款，看了看价格，满意地将其放入购物车。王占荣赶紧拦住说：“阿姨，您看，这涮肉片才十几元。”阿姨笑着说：“是啊，真便宜，我得多买几袋。”说着又要去拿。王占荣说:“但是,阿姨你看,它这配料表里面根本没有羊肉,都是猪肉做的。”阿姨大吃一惊,仔细看了看,果然如此,气得扔下涮肉片就走了。

消费者不是专业人士,他们不会鉴别产品的好坏,也很少有仔细看配料表的习惯,更多的人根本看不懂配料表。他们购买的主要依据就是品牌和价格,选自己熟悉的品牌,选价格实惠的。正是因为消费者缺乏鉴别力并普遍存有贪便宜的心理,假羊肉制造者才钻了空子,卖得如此猖狂。

劣币驱逐良币,2010—2013 年是市场混乱时期,易盛玖过得十分艰难。2006 年易盛玖成立之后,经过几年打拼,发展势头很是不错,可偏偏遭遇了假货泛滥和不诚信行为带来的市场挑战。

肉食品行业利润微薄,羊肉进货价就要 5 万元 / 吨,虽然售价贵,利润空间却非常小,想盈利只能靠走量,但这只是针对真肉而言的。相比之下,假羊肉的成本极低,其进货价才不到 3 万元 / 吨,虽然市场上的售价也便宜,却是暴利。在这样大的价格差距面前,真羊肉根本没有竞争力。

在那三四年里,很多做假肉制品的企业发了大财,很多原本诚信经营的企业或被逼无奈或利欲熏心,也开始掺假,而剩下的像易盛玖这样坚持做真货的企业已经非常少见。受这些不正当竞争的影响,那几年易盛玖损失严重,公司销量下滑,发展停滞,甚至一度出现亏损。

易盛玖几百名员工要发工资、要养家糊口,长时间的经营不善让闫鸿志压力巨大,是继续坚持做好产品不动摇,还是也适当“掺假”赚一笔帮易盛玖渡过难关?易盛玖人经历过好多次这样的抉择,但是最终他们都选择了坚持做真产品、做好产品!

第二节　在艰难中坚持：只说“一”不说“二”

假货猖獗那几年，闫鸿志举步维艰。公司几近亏损，他不得不想办法凑钱给大家开工资，维持公司正常运转。

再看看超市里的牛羊肉货架，简直一片群魔乱舞，放眼望去几乎没有几样货真价实的东西，易盛玖经销的产品由于销量下降，被摆在最不起眼的角落里，仿佛被全世界遗忘了。

好多同行都开始给羊肉掺鸭肉、羊油，有些关系还不错的同行甚至出于好心，也建议闫鸿志跟他们一样卖掺假羊肉，说反正消费者也看不出来。

眼看着公司经营如此困难，员工们也着急了。员工会议上，有人小心翼翼地提出：“要不，我们也掺一点点鸭肉吧？”

闫鸿志立刻瞪了他一眼，示意他不要说下去了。可接着又有人附和说：“是啊，我们掺一点点鸭肉、猪肉，不放那些有害的化学成分，老百姓吃了也没什么危害。”

闫鸿志斩钉截铁地说：“不行！”

但那位员工并不同意闫鸿志的观点："闫总，咱们坚持卖真货是好，但是前提是咱们得能撑下去，再这样下去我们公司如果都撑不下去了、不存在了，还卖什么真货呢？咱们的人工资都不低，产品利润空间又这么小，除了这样降低成本，我们有别的办法吗？以后市场形势好起来了，我们再卖真货，现在这样也是权宜之计。"

闫鸿志长叹了一口气，耐心解释给所有人："我理解大家心里的焦急，也知道大家是为了我们公司着想，首先我得感谢大家。"

他顿了顿，接着说道："我们易盛玖一直坚持卖真货、卖良心产品，不仅仅是出于我们的社会责任心，更是为了我们的长远发展考虑。去卖假货确实可以缓解我们公司现在的销售压力，但这是短期的。在不久的将来，国家一定会加强对牛羊肉市场的监管和处罚，现在市场越乱，这一天就会来得越早，到那时，我们就熬出头了。"

闫鸿志看了看大家，有的人点点头，有的人若有所思，还有的人不太相信。他继续说："想做生意，想做长久的生意，就不能存在侥幸心理。卖假货，早晚有一天会被人知道，纸是包不住火的。到那时，我们辛苦经营了好几年的品牌就被我们自己给毁了。做人、做企业都不能这样，为了眼前的一点点利益而把公司的长久发展赔进去，不值。

"退一万步讲，就算我们现在真的卖假货，掺一点点假，我们能抢得过那些一门心思卖假货的终端商家吗？人家是专门研究这个的，没有底线，我们一旦搅进这趟浑水，很可能就再也出不来了。市场形势总会好转，等有一天市场恢复正常了，你们再想去卖真货，到时你们就会发现，所有的利润、所有的环节都不对了。想卖真货？卖不了了！"

几番话下来，大家连连称是。公司是困难，但这种困难不是自身经营不善造成的，饮鸩止渴无异于自杀。

闫鸿志鼓励大家说："人间正道是沧桑。一个公司的生存太不容易，我们要坚持我们所坚持的东西，只说一，不说二。我们不要放弃信念，市场是公平的，消费者是聪明的，他们早晚会认识到我们产品的价值。大家再坚持一下，黎明很快就要到来了！”

他还向大家保证：“不用担心我们的公司撑不下去，也不用担心大家的工资发不出来。让公司撑下去，给大家发工资，都是我的职责，是我应该去操心的事。我向大家保证，我们的销售额被假货冲击再大，大家的收入也不会受到影响。我们易盛玖是一家人，我们齐心协力，渡过这个难关！”

好多人湿了眼眶。在座的很多人都是从草原兴发北京分公司开创时就跟着闫鸿志一起打拼的人，他们看看闫鸿志，想起当初的艰难，大家谁没有搬过货，谁没有下过车间，谁没有在卸货搬货的过程中磕过碰过……1998年洪水，大家住在一个地势低的大院子里，一下雨就淹了，院子里的积水一尺多深。大家一起去买了沙子和白灰，在院门口处做成一个人工坝，然后回自己屋里拿自家用的洗脸盆，把院子里的积水一盆一盆舀起来往外泼。这么拼命地“抗洪”，并不是怕淹了自己的家，而是怕淹了也在同一个院子里的冷库，因为冷库里有大量产品。江鸟物流副总经理高凤山是最早一批跟随闫鸿志的员工，早些年的辛苦他更是体会深刻：那时没有叉车，所有货品全靠人工装卸，一层一层地码；那时仓库里运货用的是地牛（搬运车），一次一吨多的货，要两三个人才能拽动地牛；整理单据也没有任何软件可用，全靠人工汇总，他们往往凌晨两三点就起来汇总单子才能不耽误清晨发货。后来虽然有了叉车、管理软件，但活儿却越接越多，越来越忙，最忙的时候，站台和仓库都堆满了货，连吃饭的时间都没有，几个人轮流去吃饭，好多人连洗脸都抽不出时间来，几天忙下来脸和脖子都黑乎乎的。

想想经历过的困难，如今这点挫折又算得了什么？根本就不是什么问题。那时候闫鸿志年轻力壮，干什么都冲在最前面，十几年过去了，他的面容已然苍老了许多，他的腰也因为年轻时的劳损落下了毛病。这么多年的辛劳，他又是为了谁？难道仅仅是为了自己？当然不是！若是仅仅为了自己，他恐怕不会选择创立易盛玖，过得也会比眼下轻松得多。他是为了企业里的每个人，以及每个人背后的家庭。不管出现什么情况，压力最大的总是他，天塌下来了，他也要撑着。他都没有放弃，我们为什么要放弃？相信他，跟着他没有过不去的坎儿！

会议的结尾并没有什么感人的表态。这么多年如战友、亲人般的感情和信任，有些话无须多说，对闫鸿志的决定表示支持，就可以了。大家依然兢兢业业地做着自己的本职工作，没有人因为公司现状不好而离开，相信和跟随就是对闫鸿志最大的支持。

闫鸿志也说到做到，不管公司经营多困难，坚持不降工资。为了增加销量，他也想尽办法拓宽销路，发展外地市场，代理更多的产品。他始终相信，做企业就是做人。做人要先讲诚信、讲原则，宁可赔钱，也不能在产品质量上动心思。假货，绝对不可以做！

第三节　易盛玖人欢迎食品监管加码

邪不压正，大乱之后必是大治。那几年频频爆出的各种食品安全问题引起了社会的广泛关注，国家对食品安全的控制力度迅速加强。

很快，一大批做假牛羊肉做得风生水起的企业被罚的罚、查封的查封，甚至不少企业主被抓，市场上的假货迅速减少，造假程度不严重而没有被查封、继续经营的企业忙不迭地转变经营策略，转而开始卖真货。

但是，正如闫鸿志所说的那样，假货的利润空间和营销策略与真货是完全不同的，当企业的整个流程体系被假货打乱后，再想做回真货就难了。首先，短时间之内，他们很难重新寻找好的货源；其次，由于造假，他们的客户群成了一批习惯于买便宜货、没有鉴别力的客户，对这样的客户来说，便宜就是王道，一旦价格升高，客户立刻转投他家，从假货做到真货，产品价格升高是必然，一时间，他们的客户群大量丧失，销量直线下降，虽然其他品牌的产品也很贵，但因为其价格稳定，没有忽上忽下，反而更受消费者信任；最后，这些企业发现，连自己的员工也不能适应了，原来做假货利润很高，这些人收入也高，现在利润一下子降低了，员工的收入也大幅下滑，他们受不了收入的降低，纷纷离职，甚至公司散伙。

一时间，许多原本看上去蒸蒸日上的公司一下子就消失不见了。监管部门的大力整治，使一大批“裸泳”者原形毕露，市场回到了正常轨道，优胜劣汰，易盛玖的优势真正凸显出来。从 2013 年下半年开始，易盛玖的销售额开始回升，对比那些销售惨淡的曾经掺假的品牌，易盛玖的业务员每月都能超额完成任务。这时大家都意识到，闫鸿志当初的坚持是对的，那时候在黑暗中谁也看不到希望，但闫鸿志看到了，正是这份高瞻远瞩，带着易盛玖走在正道上，终于迎来了曙光。

近几年来，易盛玖的销售额节节攀升，正应了那句话：“做好羊肉，谁都竞争不过易盛玖。”易盛玖坚持做优做真，不仅不怕国家管得严，反而欢迎国家严管，欢迎食品监管加码。易盛玖人有这个底气，因为国家管得越严，那些不正规的、不正当竞争的对手就越少，对易盛玖来说就越有好处。

闫鸿志特别感谢国家对食品安全加大监管力度，他希望国家制定更严格的食品标准。不仅是食品，各行各业都是如此，只有国家全面提升行业标准和准入门槛，才能保证产品的质量。企业总是追求在最低的成本之上获得最高的利润，这本无可厚非，但成本的底线是要有的，这一底线则是由国家监管部门制定的，如果没有底线，企业为了无限降低成本，制造出的产品会越来越差，行业也会陷入价格竞争。所以，高标准是保证正当竞争的有力手段。

市场就是大浪淘沙，只有踏踏实实做产品的企业才能真正在岁月中沉淀下来。国家监管是一方面，最主要的还是要靠生产和销售企业自身的良心。任何靠不正当手段牟取暴利的企业必不能长久，有良心、走正路的企业一定希望市场秩序良好、国家监管更有力。

第四节　坚持，是远见，更是对良知的坚守

十年，一棵小树苗可以长成参天大树。

十年，一个孩童可以长成风华少年。

十年，一个城市可以发生天翻地覆的变化。

然而，十多年来，易盛玖最初的信念却始终未变。

不掺假售假，是对产品品质的坚持。为了寻找好货源，不惜跑到千里之外；为了保证产品质量，不惜每年花费几十万元将每一批次的产品带去质检；即使在公司最难、市场最暗无天日的时候，仍然选择做真肉、做好肉，就算赔钱也不昧良心。

对客户诚实守信，一言九鼎，是对服务态度的坚持。从不拖欠供应商和合作伙伴一分钱，在行业内有口皆碑；实行首问责任制，给客户最简单最好的体验，让客户一个电话就能解决问题；为了完成客户的订单，不惜全员上阵，董事长也当司机、切肉片，董事长夫人也照样要当促销员。

待员工亲如家人，是对团队准则的坚持。员工是兄弟，是并肩作

战的战友。绝不轻易辞退员工，不惜一切代价给员工更大的发展空间和更多的学习晋升机会；关心员工的生活，自己掏钱帮员工买房，从自己的股份中抽出一部分奖励优秀员工，是真的把员工放到心里。易盛玖是大家的易盛玖，易盛玖是为了每一个易盛玖人而存在的。

一个企业的文化，其根源来自于老板个人。

闫鸿志的目标，是做一个良心企业。坚守自己的企业良心，是为了企业更长远地走下去。一个没有良心和操守的企业，如果做大了，就会变成社会的蛀虫；一个有良心和操守的企业，即使还没有做大，也会给社会增添一份温度。在道德缺失的今天，做一个有良心的人不容易，做一个有良心的企业更不容易。一天、两天，一年、两年，积淀多了总会善有善报，这样企业里的成员才会受益，家人们也才能受益，对下一代也会有潜移默化的影响。给家族积德，给后代积德，给所有易盛玖人积德，让企业长盛不衰，让社会更有希望。

闫鸿志的梦想，是将易盛玖做成一个百年企业。市场风云变幻，对一个企业来说，坚守何其难也，但量变总会带来质变，坚持该坚持的，经受住市场的摔打和考验，踏踏实实地走下去，一百年并不遥远。人生就像心电图，有峰值也有低谷。我们要征服一个又一个的高峰，但我们也知道，高峰过后可能会有低谷，扛过去，下一个高峰就会来临。只要认真地过，总会一天比一天更好，只要有信心，坚持，再坚持，总会扛过去。

兢兢业业，如履薄冰。

稳扎稳打，水到渠成。

闫鸿志每次带儿子去草原旅游，儿子都会做一件事——捡拾其他游客扔在地上的垃圾。有人告诉他："别捡啦，捡也捡不完！"也有人告诉他："不用你捡的，这事有专人管。"还有人告诉他："你是来旅游的，好好玩就行，捡垃圾做什么？"可他执拗地坚持着："我不会因为捡不完，就不捡。也不会因为有人捡，就不捡。更不会因为我是来玩的，就不捡。我看到了，我就捡。”闫鸿志问他：“为什么呢？”他说：“如果每个人都像我一样，我们的草原就会越来越美。”

如果把市场经济形势下的中华大地比作茫茫草原，易盛玖不就是那个在坚持不懈地捡拾垃圾的孩童吗？若是每家企业都像易盛玖一样坚守良心，我们生活的这片土地一定会越来越美。